사고 싶은 컬러
팔리는 컬러

한눈에 매료시키는 컬러 매직

사고 싶은 컬러 팔리는 컬러

초판 1쇄 발행 2019년 4월 25일
초판 3쇄 발행 2021년 2월 10일

지은이 이호정

발행인 백유미 조영석
발행처 (주)라온아시아
주소 서울시 서초구 효령로 34길 4, 프린스효령빌딩 5F

등록 2016년 7월 5일 제 2016-000141호
전화 070-7600-8230 **팩스** 070-4754-2473

값 16,000원
ISBN 979-11-89089-81-8 (03320)

라온북은 독자 여러분의 소중한 원고를 기다리고 있습니다. (raonbook@raonasia.co.kr)

COLOR MAGIC

| 한눈에 매료시키는 컬러 매직 |

사고 싶은 컬러 팔리는 컬러

이호정 지음

MAGIC
COLOR

RAON
BOOK

컬러, 시장을 읽고 분석하는
새로운 인사이트

4차 산업 혁명과 함께 우리 일상으로 파고든 혁신적인 정보 통신 기술은 초 연결, 초 지능을 기반으로 전 세계를 하나의 시장으로 만들고 전 세계인을 하나의 네트워크로 연결했다. 이제 한마디 말보다 한 장의 이미지로 소통하는 비주얼커뮤니케이션 시대가 되었다. 언어 장벽 없이 이 세상 모든 이와 소통한다. 인스타그램의 감성 사진 한 장은 수백만 개의 '좋아요'를 받고, 예쁜 디자인 제품은 특별한 기능이 없어도 비싼 비용을 내고 사간다. 그 어느 때보다 감성이 중요한 시대다.

비주얼커뮤니케이션 언어를 이해하고 있다는 것은 상대를 설득하기 위한 더 강력한 무기를 가지고 있는 것과 같다. 긴 설명보다 단 하나의 이미지가 더 빠르고 강하게 상대의 가슴으로 파고든다. 상대를 내 편으로 만들려면 생각이 아니라 마음을 움직일 수 있어야 한다. 디자이너와의 협업에서도, 사업계획서를 발표할 때도, 신제품 론칭 행사에서도 언어보다 이미지가 더 큰 힘을 발휘한다.

우리 일상에서 가장 큰 부분을 차지하고 있는 소셜 미디어를 보면 그 변화의 흐름을 읽을 수 있다. 이제 사람들은 트위터와 페이스북에서 인스타그램과 핀터레스트 그리고 유튜브로 이동하고 있다. 누구나 사진작가처럼 훌륭한 사진을 찍고, 디자이너처럼 감성을 자극하는 콘텐츠를 제작하며, 대기업 못지않은 훌륭한 디자인 제품을 만들어 판매한다. 시장을 지배하는 그들의 가장 큰 경쟁력은 바로 '디자인'이다. 그리고 그 속에서 가장 핵심적인 역할을 하는 컬러는 메시지를 전하고, 감성을 자극하고, 문제를 해결한다.

이러한 시대 흐름에 따라 나의 커리어에도 변화가 있었다. 20년 전 대학 졸업 후 처음 '마케팅' 일을 시작했다. 숫자를 통해 전략을 세우고 결과를 분석하는 일은 그 어떤 것보다 가슴 뛰는 일이었고 나는 그 누구보다 열정적으로 이 일을 했다. 그리고 10년 전 해외 MBA를 준비하던 중 우연히 알게 된 '컬러'는 나에게 새로운 비전을 갖게 해주었다. 나는 1년간 준비를 통해 일본 국가 자격증인 컬러 코디네이터 1급, 2급, 3급을 모두 취득하고, 진로를 변경해 영국 런던으로 디자인 공부를 하기 위해 떠났다. 내 생각과 감정을 표현하는 또 다른 방법을 습득한 나는 다시 마케팅 현업으로 돌아왔다. 그리고 나는 마케팅 현장 경험과 컬러 전문 지식을 결합해 '컬러 콘셉터'라는 새로운 타이틀을 가지게 되었다.

컬러는 우리도 모르는 사이 우리의 마음을 지배하고 행동을 변화시킨다. 그래서 이 마법 같은 힘을 가진 컬러를 알고 이해하고 활용할 수 있다면 당신은 상대의 마음을 얻고 당신의 목적을 이룰 수도 있다. 컬러는 우리의 소비 생활 속에서도 절대적인 힘을 발휘한다. 주목도가 높고 기억에 강하게 남는 컬러는 브랜드 인지도를 높이는 데 이바지하고, 유행하는 컬러와 오감을 자극하는 컬러는 구매를 촉진하며 고객을 불러 모은다. 세일을 알리는 빨간 포스터는 충동구매를 일으키고 계절마다 변화하는 컬러는 지속적인 재구매를 유도한다.

하지만 이러한 컬러의 역할과 사용 방법을 알려주는 곳은 없다. 대부분은 감으로 컬러를 다루기 때문에 결과는 만족스럽지 못하다. 그래서 나는 비즈니스 현장에서 전략적으로 컬러를 사용하고 싶은 디자이너, 좀더 차별화된 마케팅 전략을 고민하는 마케터, 브랜딩에서부터 제품 제작과 판매를 모두 혼자 감당해야 하는 1인 기업가, 고객 감소와 매출 부진으로 새로운 돌파구가 필요한 자영업자, 컬러를 직접 다루지 않아도 컬러를 선택하고 결정해야 하는 최종 의사 결정권자에게 도움이 되길 바라는 마음에서 이 책을 집필하게 되었다.

이 책은 사고 싶어지고 잘 팔리는 컬러의 8가지 법칙을 다양한 사례 연구를 통해 검증한 내용을 담고 있다. 고객 분석에서부터 브랜딩, 제품, 비주얼 머천다이징, 디지털 그리고 콘셉팅과 프로모션까지 다양한 각도에서 컬러 활용 효과를 설명하여 통합적인 관점에서 컬러를 이해할 수 있다. 그리고 컬러라는 새로운 인사이트를 통해 지금껏 생각하지 못했던 색다른 해결책을 찾을 수 있도록 도와줄 것이다.

당신이 모르는 곳을 가기 위해 지도를 펼치듯, 수많은 컬러의 선택지 앞에서 망설여질 때 이 책을 펼쳤으면 좋겠다. 이 책은 첫 장부터 읽지 않아도 괜찮다. 목차를 보고 가장 궁금한 제목의 페이지를 골라서 보거나 그때그때 필요한 내용을 찾아보는 것도 좋다.

직접 경험하는 것이 가장 좋은 방법이다. 다양한 컬러의 옷을 직접 입어본다거나, 집 안 인테리어 컬러를 바꿔본다거나, 컬러풀한 음식을 먹어보는 것도 좋다. 경험하는 것이 믿는 것이다. 자신이 소비자로서 직접 경험하고 느껴봐야 고객의 마음을 헤아리고 움직이는 방법을 터득할 수 있다.

컬러 감각은 '관심'과 '관찰'에 의해서 길러진다. 조금 더 세심하게 더 자세히 본다면 당신은 지금껏 보지 못했던 새로운 것들을 발견할 수 있다. 그리고 그 속에서 당신은 그동안 당신이 해결하지 못했던 문제에 대한 놀라운 해답을 찾아낼 수 있을 것이다.

| CONTENTS |

CHAPTER 3

컬러로 강렬한 인상을 마음에 새긴다
Show Me the Color

CHAPTER 4

컬러에 감각과 요소를 더해 효과를 높인다
Create Synergy

CHAPTER 5

컬러로 더 빨리 더 오래 팔리게 한다
Color Controls Time

CHAPTER 6

지속적인 컬러 변화로 구매 욕구를 자극한다
Keep Changing Color

CHAPTER 7

또 하나의 언어, 컬러로 말한다
Communicate by Color

CHAPTER 8

컬러 매직으로 원하는 바를 이룬다
Use Color Trick

1

MATTER
OF TASTE

타깃 고객의
취향을 기준으로
컬러를 선택한다

Matter
of
Taste

오늘도 상품개발부 팀장 K는 컬러 선택을 앞두고 고민 중이다. 신제품 메이크업 패키지 컬러로 디자이너가 몇 가지 블랙 컬러를 제안했지만 왠지 마음에 들지 않는다. 블랙은 너무 어둡고 칙칙해서 제품이 눈에 띄지도 않고 다 비슷해 보여서 어떤 블랙이 가장 적절한지 도무지 판단이 안 선다. 게다가 K는 개인적으로 블랙을 좋아하지 않기 때문에 전혀 예뻐 보이지 않는다. 그래서 그냥 여성들이 좋아하는 핑크 컬러로 변경한 수정 시안을 디자이너에게 요청한다. 자신이 왜 블랙 컬러를 선택했는지 확실한 설득 논리가 없는 디자이너로서는 K의 수정 요청에 응할 수밖에 없으리라.

며칠 후 디자이너가 핑크 컬러로 변경한 시안을 가져오자 K는 이전 시안과 함께 최종 결정권자에게 보여준다. 결정권자는 또다시 고

개를 갸우뚱한다. 어떤 컬러가 더 좋은지 사내 투표를 진행하기로 했고 투표 결과 과반수의 표를 얻은 핑크가 신제품 메이크업 패키지 컬러로 결정됐다. 하지만 대한민국 도심에 거주하는 25~29세 여성을 타깃으로 한 신규 메이크업 제품 패키지의 디자인을 결정하는 것이었다면 이 방식에 문제는 없었을까?

모든 여성이 핑크 컬러 제품을 선호하는 것은 아니다. 6~7세 여자아이들은 원피스, 신발, 액세서리, 장난감 등 모든 제품을 핑크색이길 원하지만, 초등학교 고학년만 되어도 그러한 성향이 옅어진다. 특히 우리나라 20대 여성은 귀엽고 여리여리한 스타일보다 섹시하고 세련된 스타일을 선호하기 때문에 제품 패키지 콘셉트 역시 그러한 취향을 고려해야 한다.

25~29세 여성을 타깃으로 한 신제품 컬러를 결정할 때 충분한 객관적 근거와 명백한 기준을 가지고 있지 않은 상황에서, 최종 결정권자가 60대 남성이고, 투표에 참여했던 직원의 80퍼센트가 남자 직원이라면 그 선택은 오류를 범할 수 있다. 그것도 매출에 치명적인 오류다.

컬러 선택의 기준은 최종 결정권자도, 직원 과반수의 취향도 아닌 구매자의 취향이어야 한다. 비즈니스 현장에서는 생각보다 컬러를 결정해야 할 일이 많다. 최적의 선택을 위해 우리는 컬러가 어떤 의미이며 어떤 역할을 하는지 알아야 한다.

제품을 선택하는 이유,
컬러

과연 컬러가 매출에 미치는 영향은 얼마나 될까? 소비자가 제품을 고를 때 시각에 의존하는 비율은 93퍼센트라고 한다. 청각이나 후각(1퍼센트), 촉각(6퍼센트)에 비해 절대적으로 높은 비율이다. 또 소비자의 85퍼센트는 구매 결정의 중요한 이유로 컬러를 꼽았다.

개인의 취향은 가지각색이지만 마케팅 전략을 수립하기 위해서는 고객 세그멘테이션(Segmentation), 타기팅(Targeting), 포지셔닝(Positioning)이 필요하다. 먼저 타깃 소비자의 다양한 취향 중에서 공통분모를 찾아내야 한다. 어떤 고객을 대상으로 어떤 콘셉트에 초점을 맞추어 어떤 메시지를 전달하고자 하는가에 따라 브랜드 제품과 프로모션 컬러가 달라진다.

대부분의 남성이 블루 컬러를 선호하지만 분명 핑크 컬러를 좋아하는 남성도 있다. 그렇다면 남성 의류 브랜드에서 신제품 와이셔츠를 출시할 때에는 어떤 취향에 맞추어 컬러를 결정해야 할까?

컬러 선택은 마케팅 목표와 목적을 확실하게 규정하는 것에서부터 시작된다. 먼저 이번 신제품 출시가 대량 판매를 통해 매출을 증대시키는 것이 목적인지 아니면 새로운 이슈를 만들어 브랜드 인지도를 높이는 것이 목적인지 결정한다. 또 그 목적이 기존 고객의 재구매인지 혹은 신규 고객 획득인지에 따라서도 컬러는 달라진다. 만약 많은 판매량을 목적으로 한다면 대부분의 남성이 선호하는 블루컬러를 선택하는 것이 적절하지만, 새로운 화젯거리를 만들어내거나

●● 컬러는 제품 선택에 영향을 미친다. 특정 제품의 선호도 속에는 컬러에 대한 개인
의 취향이 숨겨져 있다.

새로운 고객을 타깃으로 한다면 핑크 컬러를 선택할 수도 있다.

　결정 장애를 일으키는 원인은 판단 기준이 없기 때문이다. 객관적인 근거를 바탕으로 정립된 기준은 의사 결정에 도움이 된다. 당신이 소비자라면 그저 끌리는 제품 컬러를 선택하면 되지만, 당신이 제품을 만들고 서비스를 제공하는 공급자라면 고객이 좋아하는 컬러를 제품 컬러로 선택해야 한다. 그리고 고객이 왜 그 컬러를 좋아하는지도 알아야 한다.

　빅 데이터를 확보한 대형 포털사이트는 고객의 클릭 성향을 분석하여 맞춤형으로 서비스를 제공한다. AI가 인간의 취향을 일거수일투족 감시하는 듯하다. 언뜻언뜻 드러나는 깊은 욕망을 캐치해 추천해줄 때는 섬뜩하기도 하다. 이런 시대에 타깃 고객의 컬러 취향을 파악하기 위해서는 컬러에 대한 공부가 필요하다.

밀레니얼 세대의
컬러는 핑크

02

제품을 구매하는 것보다 보는 것을 즐기는 세대, 브랜드의 메시지보다 인플루언서(influencer, 영향력을 행사하는 사람으로 일반적으로 SNS 채널에서 수십만 명의 구독자를 보유한 유명인을 지칭)의 조언을 더 신뢰하는 세대, 과시용 명품보다 실용성 있는 제품에 지갑을 여는 세대가 이제 소비시장을 이끌어가고 있다. 바로 1980년대 초에서 2000년대 초 사이에 출생한 밀레니얼 세대(millennials)로 제너레이션 와이(Generation Y)라고도 불린다. 전 세계 9,200만 명 정도이며 3.3조 달러(2018년 기준)의 구매력을 가진 막강한 소비자 그룹으로 부상했다.

베이비부머 세대의 자녀로 어렸을 때부터 모바일과 소셜 네트워크 서비스 등 정보통신기술을 다루는 데 능숙하고, 여행을 좋아하고 건강을 중시한다. 또 그 어떤 세대보다 대학 진학률이 높지만, 2008

년 글로벌금융 위기와 함께 낮은 고용률과 임금으로 경제적으로는 풍족하지 못하여 결혼과 출산을 미루고 부모에게서 독립하지 못하는 경향이 있으며 철저한 가격 비교와 제품 리뷰 탐독을 통해 스마트한 소비 생활을 해나가는 특징이 있다.

풍요로운 이미지 콘텐츠와 뛰어난 디자인 제품 속에서 밀레니얼 세대의 미적 감각은 그 어느 때보다 높은 수준에 도달했다. 특히 1인 미디어가 만들어내는 콘텐츠의 영향력은 이제 대기업과 경쟁하고 유명인을 능가한다. 그렇다면 그들의 감성과 잠재력을 표현해주는 컬러는 무엇일까?

밀레니얼 세대를 상징하는 컬러, 핑크

주변의 모든 빛을 흡수하는 블랙은 얼굴의 주름과 잡티 등을 여과 없이 그대로 드러내기 때문에 나이 든 사람은 피해야 할 컬러다. 하지만 어느 시대이든 블랙은 젊은 사람들의 특권이라 할 수 있는 컬러다. 젊은 에너지야말로 블랙을 가장 멋지게 소화할 수 있는 강력한 베이스가 되어준다. 블랙은 가장 시크하고 세련된 분위기를 연출하여 패션계에서는 언제나 트렌디한 컬러이자 패션의 정석이라고 말할 수 있다.

'밀레니얼 핑크'는 '새로운 블랙(the new black)'과 함께 밀레니얼 세대를 대표하는 가장 트렌디한 컬러가 되었다. 2014년 웨스 앤더슨

정보통신기술에 익숙하고 소셜 미디어와 함께 생활하는 밀레니얼 세대는 감성과 이미지로 소통한다. 컬러는 그들의 감성과 소통할 수 있는 하나의 언어다.

(Wes Anderson)의 영화 〈그랜드 부다페스트 호텔(Grand Budapest Hotel)〉의 무대배경이 된 호텔 건물 외관의 컬러에서 시작된 밀레니얼 핑크는 텀블러 핑크(tumblr pink) 혹은 스칸디 핑크(scandi pink)로도 불리는데, 블루 색조를 완전히 뺀 베이지(beige) 톤을 기초로 하며 톤 다운된 부드러운 색감을 가지고 있다.

밀레니얼 핑크를 시작으로 2015년 아이폰 6S의 새로운 컬러로 뜨거운 인기를 누렸던 로즈골드(rose gold), 2016년 팬톤(Pantone LLC, 미국의 세계적인 색채연구소이자 색채전문회사)에서 올해의 트렌드 색으로 발표했던 로즈 쿼츠(rose quartz), 2017년 봄 컬러인 페일 도그우드(pale dogwood) 등 다양한 핑크가 세상을 물들이고 있다. 마크제이콥스, 구찌, 셀린느, 발렌시아가 등 수많은 패션 브랜드가 해마다 밀레니얼 핑크 디자인을 선보이고 있다. 핑크는 현재 가장 트렌디하고 가장 힙(hip)한 컬러다.

1918년 언쇼(Earnshaw)의 유아의 시작(Infants' Departure)이라는 기사에서는 "일반적으로 핑크는 결단력 있고 강한 컬러이기 때문에 남자아이에게 잘 어울리고, 블루는 좀더 섬세하고 차분하기 때문에 여자아이에게 잘 맞는 컬러다"라고 했다.

한 조사 결과에 의하면 밀레니얼 세대의 약 50퍼센트가 컬러에 성별 차이는 없다고 응답했다. 밀레니얼 핑크는 그러한 성 중립의 상징이기도 하다.

●● 핑크는 여성만을 위한 컬러는 아니다. 핑크는 달콤함을 전하고 보는 사람의 마음을 설레게 하는
남녀 모두를 위한 컬러다.

밀레니얼 세대의 공허함을
달래주는 컬러, 정갈로 그린

인간은 지치고 힘들 때 자연스레 자연을 찾는다. 태어날 때부터 디지털 기기에 둘러싸여 성장한 디지털 네이티브(digital native)도 자연과 함께 살아가야 하는 우주 만물의 섭리를 따를 수밖에 없다.

밀레니얼 세대의 88퍼센트는 도시에 거주하고 있다. 그들에게 자연은 그리 가깝지 않다. 그래서 그들은 자연 속 정글을 도시 속 집으로 가져온다. 세상에서 가장 완전한 휴식을 선물해주는 그린 컬러로 말이다.

그린(green)의 사전적 의미는 잔디나 에메랄드 같은 컬러로, 젊음과 순수함 그리고 자연에 해를 끼치지 않는다는 것이다. 색채 심리학에서 그린은 균형, 조화, 치유의 색이며, 과거 가문의 문장과 역사를 연구하는 문장학에서 그린은 젊음, 성장, 풍요의 색이다.

정글(jungle)과 방갈로(bungalow)의 합성어인 '정갈로(jungalow)'는 식물로 집 안을 꾸미는 인테리어 트렌드로 하우스 정글(house jungle) 혹은 어번 우림(urban rain forest)이라고도 한다. 보통 50개에서 180개 정도의 크고 작은 식물을 집 안에서 키운다. 식물 가꾸기는 마치 아기를 돌보는 것처럼 결코 쉬운 일이 아니지만, 돌봄은 정서적으로 치유 효과가 있다. 또 관심을 집중시킬 만한 사진들로 재탄생해 SNS를 즐기는 밀레니얼 세대에게는 딱 맞는 취미이기도 하다. 회색 콘크리트 건물 속 그들만의 푸른 정글은 건강하고 아름다운 젊음의 그린이다.

밀레니얼 세대의 60퍼센트가 자신들이 구매한 브랜드에 대해 로열티를 가지고 있다고 했고, 90퍼센트가 좋아하는 것을 온라인에서 공유하며, 38퍼센트가 광고보다 소셜 미디어를 신뢰하고, 93퍼센트가 친구가 추천해준 제품을 구매한다.

그들은 즉각적인 만족을 원하고, 브랜드와의 개인적인 커넥션을 좋아하며, 소셜 미디어와 함께 생활한다. 그 브랜드만의 스토리텔링, 강력한 비주얼 콘텐츠, 디자인 파워로 무장한다면 밀레니얼 세대에 한 걸음 다가갈 수 있을 것이다. 만약 그들의 마음을 움직일 수 있게 된다면 그들은 자신들의 잠재력과 영향력만큼이나 어마어마한 보상을 되돌려줄 것이다.

남녀가 쇼핑을 시작했다. 남성은 자신이 필요한 제품이 있는 매장으로 직진해 제품을 구매하고 바로 쇼핑을 마친다. 반면 여성은 쇼핑 시작과 함께 여기저기 수없이 많은 매장을 돌아다니며 디자인과 가격을 비교하며 쇼핑을 즐긴다. 아무것도 구매하지 않을 때도 있고, 수십 개의 매장을 둘러보다 첫 번째 매장에서 보았던 제품을 구매할 때도 있지만 쇼핑을 위해 보낸 3~4시간이 전혀 헛되지 않았다고 여긴다.

소비자 행동 분석 조사에 의하면 소비자의 쇼핑 행동을 일으키는 요인에는 다양한 동기가 숨겨져 있다. 쇼핑 동기에 따라 소비자를 2가지 타입으로 구분할 수 있는데 하나는 '실용주의자'이고 또 하나는 '쾌락주의자'다. 제품 진열대에서 샴푸를 발견했다. 남성은 샴푸를 보고 그 제품이 필요하다고 느끼지만, 반면 여성은 자신이 좋아하는 컬러를 보고 그 샴푸가 필요할 것 같다고 느낀다. 남성과 여성은 정보처리 프로세스와 의사 결정 전략도 매우 다르다. 남성은 제품에 표기된 제품 정보를 확인하고 스스로 결정해 그것을 구매한다. 하지만 여성은 어떤 제품을 보고 그 제품이 좋다고 했던 친구의 얘기를 상기하며 제품 구매를 결심한다.

남성은 옷을 구매할 때 '제품 퀄러티'를 중시한다. 여성은 옷을 고를 때 '다양한 매칭'을 고려한다. 그래서 남성은 좋은 소재의 편안한 티셔츠 하나를 구매하지만 여성은 맘에 드는 드레스를 발견하면 그 드레스와 어울릴 새로운 신발도 원하게 된다.

같은 컬러를 다르게 보는 남녀

컬러를 대하는 남녀의 태도에는 어떤 차이가 있을까? 우선 컬러 선호도에 대한 남녀의 차이를 논하기 이전에 컬러를 인식하는 것부터 남녀 차이가 있다는 것을 알아야 한다. 일반적으로 여성은 크림슨(crimson), 스칼렛(scarlet), 레몬, 바나나, 라임, 모스그린(moss green), 라벤다, 마젠타, 뒤르쿠아즈(turquoise), 틸 블루(teal blue) 등의 색조를 구분할 수 있다면 남성은 레드, 블루, 옐로, 그린, 퍼플 등의 컬러 정도만 구분한다.

브루클린 대학(Brooklyn college)의 행동 신경 과학자 이스라엘 아브

남성과 여성은 쇼핑 취향이 다르다. 컬러를 인식하는 것도 다르고 선호하는 컬러도 다르다. 그 다름을 이해하고 대응할 때 그들은 우리의 고객이 될 수 있다.

라모브(Israel Abramov)에 의하면 신경 연결의 차이가 이러한 남녀의 컬러 인지 차이를 설명해준다고 한다. 특히 여성은 남성보다 중간 스펙트럼 컬러인 옐로와 그린에 대한 민감도가 높아서 남성이 똑같다고 말하는 컬러도 아주 미세한 차이를 구분해낼 수 있다. 이는 어떤 사람이 얼마나 많은 컬러 이름을 알고 있는가와 상관없이 뇌에서 시각을 관장하는 영역에 의해 남녀가 컬러를 다르게 본다는 의미다.

남녀의 컬러 인지 차이가 호르몬 레벨 차이 때문이라는 주장도 있다. 이 호르몬의 차이는 청각, 후각, 미각에도 미치기 때문에 여성은 다른 감각에서도 남성보다 좀더 예민한 차이를 구분해낼 수 있다.

남녀는 선호하는
컬러도 다르다

남녀 컬러 스펙트럼의 차이는 컬러 선호도에서도 드러난다. 조할록(Joe Hallock)이 2003년에 22개국 232명을 대상으로 한 컬러 선호도 조사에 의하면 남녀 모두 가장 선호하는 컬러는 블루였는데, 이때 남성의 선호도는 57퍼센트, 여성의 선호도는 35퍼센트로 남성이 여성보다 선호도가 높았다. 또 남녀 모두 라이트 톤(light tone)과 다크 톤(dark tone)의 컬러에 비슷한 선호도를 보였다. 그런데 여성은 부드러운 느낌을 주는 소프트 톤(soft tone)을, 남성은 확실한 느낌을 주는 브라이트 톤(bright tone)을 더 선호했다. 무채색에 대한 선호도는 여성보다 남성이 높았다.

●● 남녀 모두 블루를 좋아하지만 미묘한 색조 차이가 있다. 여성은 밝고 다양한 셰이드를, 남성은 어
둡고 명확한 명암 차이를 좋아한다.

맥기니스 앤드 시어러(Mcginnis and Shearer)의 실험 결과, 여성은 셰이드(shade, 암청색, 순색에 검은색을 더한 계열)보다 틴트(tint, 명청색, 순색에 흰색을 더한 계열) 컬러를 선호한다는 것을 알 수 있었다. 부드럽고, 젊고 차분한 느낌의 틴트 컬러는 여성스러운 감성을, 깊고 강하고 묵직한 셰이드 컬러는 남성스러운 감성을 표현한다. 같은 맥락으로 여성은 좀더 부드러운 곡선 형태를, 남성은 명확한 직선 형태를 좋아한다. 개인의 취향 차이가 있겠지만 이 실험 결과는 일반적인 남녀 성향의 차이를 잘 반영하고 있다.

성별보다 성향을 표현하는 컬러

패션 역시도 여성복이 매우 다양한 컬러 베리에이션과 패턴을 가지고 있는 것에 반해 남성복, 특히 정장 브랜드는 블랙, 그레이, 네이비, 화이트, 브라운의 심플한 컬러 팔레트를 가지고 있다. 유니섹스 캐주얼 브랜드는 조금 더 다채로운 컬러를 선보인다. 최근 주목해야할 트렌드는 바로 젠더리스(genderless, 성과 나이의 파괴를 주 특성으로 하는 패션의 새로운 경향)다. 성별보다 성향이 더 중요해진 것이다.

2014년 뉴욕, 패션 업계에서 일했던 3명의 여성 디자이너가 뭉쳐 일 년 내내 입을 수 있는 옷을 콘셉트로 한 브랜드 '에어(AYR, all year round)'를 론칭했다. 패션 트렌드와 상관없이 질 좋고 편하고 실용적인 옷을 입고 싶은 여성들의 니즈를 겨냥해 만든 브랜드다. 심플한 디자인의 팬츠, 자켓, 원피스, 셔츠를 주로 진(jeans)과 코디할 수 있도록 제안한다. 남성 의류의 기본 컬러인 블랙, 화이트, 그레이, 네이비 등으로만 구성했다. 잡지 보그는 에어를 "데님 신이 주신 선물 같다"고 격찬했다.

반면 화려한 컬러로 대박 난 남성 브랜드도 있다. 지루한 남성복 컬러에 반기를 들며 세상에서 가장 컬러풀한 남성 정장을 탄생시킨 네덜란드 브랜드 '오포수트(Opposuits)'다. 핫 핑크, 쇼킹 오렌지(shocking orange), 파이어리 레드(fiery red), 포레스트 그린(forest green) 등 비비드한 컬러에 파인애플, 산타클로스, 야자수 등의 현란한 패턴이 들어가 있다. 크레이지 수트(crazy suit)라는 별명처럼 누가 봐도 충격적이고 우스꽝스러운 모습이지만 크리스마스나 핼러윈데이에 일탈을 즐기기에는 최고의 의상이다. 2014년 크리스마스 정장이 완판되고 할리우드 스타들까지 합류하며 입소문을 타게 되어 오포수트의 매출은 2013년 100만 파운드에서 2016년 1,000만 달러로 급성장했다.

2018년 9월 1일, 샤넬의 남성 색조 화장품 '보이 드 샤넬(boy de Chanel)'이 전 세계에서 가장 먼저 출시된 나라는 한국이다. 파운데이션, 립밤, 아이브로 펜슬 등으로 구성된 제품 패키지는 무광의 블랙 컬러로 남성의 느낌을 살렸다.

"아름다움은 성별에 관한 것이 아니다. 스타일에 관한 이야기다"라는 샤넬의 비전은 아름다움에 대한 남녀 차이를 논하기보다 아름다움을 추구하는 인간의 욕구는 평등하며 자신의 스타일대로 아름다움을 추구할 권리가 있다는 것을 시사하고 있다.

최근 핫하게 떠오른 신조어 '쉬코노미(SHEconomy)'는 여성을 의미하는 쉬(She)와 경제를 의미하는 이코노미(Economy)의 합성어로 여성이 경제의 주체가 되어 활발한 소비 활동을 벌이는 경제를 뜻한다. 미국 여성 소비자가 전체 구매 결정에서 85퍼센트를 차지하며 큰 영향력을 행사하자 만들어진 용어다.

고용노동부의 발표로는, 2017년 여성 근로자의 월평균 급여는 194만 6,000원으로 2008년 141만 3,000원 대비 38퍼센트 증가했고, 25~39세 1인 청년 가구 기준 여성의 월평균 소비지출은 125만 원으로 남성(110만 원)보다 높다.

남성의 전유물로 여겨졌던 자동차, 스포츠, 게임에서도 여성 소비자가 증가했다. 2017년 자동차 렌털 서비스 44퍼센트가 여성 이용자

였고, 남자 프로배구 관중의 68퍼센트, 프로야구 840만 관중 중 42퍼센트가 여성이었으며, 게임을 즐기는 여성의 비율은 65퍼센트로 남성(75퍼센트)과 비교해서 큰 차이가 없다. 여행 업계도 상황은 비슷해서 2017년 해외여행자 중 여성은 1,245만 명, 남성은 1,238만 명으로 처음으로 여성이 남성보다 많았다. 특히 20대 여성이 전체 출국자의 60퍼센트 이상을 차지했다.

탈코르셋(사회에서 '여성스럽다'고 정의해 온 것들을 거부하는 움직임)의 영향으로 여성의 취향도 여성스러움에서 편안함으로 바뀌어 와이어가 없는 노와이어 브래지어나 월경 시 불편함을 덜어주는 신소재 팬티가 인기이고, 하이힐보다는 스니커즈 판매량이 늘었다. 모든 영역의 소비시장에서 막강한 소비력을 행사하는 여성, 그들은 어떤 컬러를 선호할까?

매일매일 컬러를 소비하는 여성

립스틱, 파운데이션, 아이섀도 등 메이크업부터 헤어 염색, 네일 아트에 이르기까지 여성은 기분 따라 계절 따라 매일매일 컬러를 갈 아입는다. 최근 밝혀진 연구 결과에 의하면, 색을 구분하는 적추상체(적색 계열의 장파장에 주로 반응), 녹추상체(녹색 계열의 중파장에 주로 반응), 청추상체(청색 계열의 단파장에 주로 반응) 외에 '오렌지색에 반응하는 광추상체'가 있다고 한다. 남성의 10퍼센트, 여성의 50퍼센트가 오렌지색에 반

여성은 남성보다 컬러에 민감하게 반응한다. 여성의 마음을 얻고 싶다면 컬러를 활용하라.

응하는 광추상체를 가지고 있다는 것이다.

옐로, 오렌지, 레드 계열 컬러 차이를 예민하게 포착하는 사람을 '4색형 색각자(tetrachromat)'라고 하는데, 여성이 남성보다 4색형 색각자일 확률이 높다. 4색형 색각자는 3색형 색각자보다 100배나 많은 컬러를 구분해낼 수 있다. 4색형 색각자가 아니라도 일반적으로 여성이 남성보다 더 컬러에 대한 반응도가 높다.

기분이 우울하거나 스트레스가 심한 날 혹은 소개팅이나 여행을 떠나기 전날 여성들은 네일숍을 찾는다. 네일숍을 들어서자마자 눈앞에 현란하게 펼쳐지는 다채로운 컬러 팔레트는 순식간에 여성들의 마음을 사로잡고, 손가락마다 다르게 입혀지는 다양한 배색과 디자인은 결국 그녀들의 기분을 최고조에 이르게 한다. 기본적으로 레드는 적추상체, 블루는 청추상체, 그린은 녹추상체를 자극하는데 다채로운 컬러는 이 모든 추상체를 동시에 자극하여 감정적으로도 흥분 상태를 일으킨다. 과거 '네일 폴리시(nail polish)'의 폭발적인 성장은 몇몇 화장품 브랜드가 200종이 넘는 컬러를 출시하면서 시작되었다. 여성들은 네일 폴리시에 더욱 열광했고 판매액은 2013년에 2006년 대비 200퍼센트 증가했다.

컬러로
여성을 유혹하다

좀처럼 과감해지기 어려운 패션 아이템 컬러와 메이크업 컬러에 비해 네일 컬러는 훨씬 다양한 컬러에 도전해볼 수 있다. 비록 손톱 10개 혹은 발톱 10개의 좁은 면적에 칠해지는 컬러이지만 강렬하고 화려한 컬러 배색은 그 무엇보다 기분 전환을 하는 데 효과적이다.

아직까지 네일아트는 여성의 전유물로 여겨지고 있지만 언젠가 남성들에게도 보편적인 뷰티 아이템이 되지 않을까? 모든 영역에서 나타나고 있는 젠더리스의 물결은 성별에 대한 우리의 모든 관습을 하나씩 무너뜨리고 있다.

때로는 일관되고 때로는 변덕스러워서 여성의 취향과 선택은 그대로이거나 달라질 수 있다. 일반적으로 여성은 핑크, 레드, 블루, 짙은 그린, 버건디 컬러를 좋아한다. 이는 여성 아이템에서 쉽게 발견할 수 있는 컬러다. 길거리, 카페, 음식점에서 스치는 여성들의 휴대폰 케이스 컬러를 유심히 관찰해본 적이 있다. 실제로 약 80퍼센트의

컬러에 예민하게 반응하는 여성 소비자는 남성 소비자에 비해 더 많은 컬러를 소비한다. 컬러풀한 아이템들은 여성의 구매를 촉진한다.

휴대폰 케이스가 핑크 혹은 레드 계열 컬러였다.

하지만 컬러 선호도는 아이템이나 상황에 따라서 달라진다. 여성들도 피로함을 느낄 때나 휴식이 필요할 때는 블루 혹은 그린 컬러를 찾게 된다. 여성은 자신들이 좋아하는 컬러와 자신들에게 필요한 컬러 2가지를 모두 소비한다.

본능적으로 여성은 형태보다 컬러에 끌리고 반응한다. 컬러는 여성의 감성을 반영하고 대변한다. 당신이 컬러를 이해하고 잘 다룰 수 있다면 당신은 여성들의 마음을 얻고 당신이 원하는 것을 얻게 될 것이다.

남성이 선택하는 컬러

05

미국의 시인이자 단편소설작가 실비아 플라스(Sylvia Plath)는 "내가 얕보는 것이 있다면, 그것은 블루 컬러를 입은 남자다"라고 말했다. 하지만 사실 지적 능력을 자극하고 사고력과 판단력을 높여주는 블루는 남성에게 잘 어울리는 컬러다. 남성의 매력을 어필할 수 있는 컬러이며, 무엇보다 남성을 남성답게 만들어주는 컬러다. 남성이 가장 좋아하는 컬러 역시 단연 블루다. 남성은 스카이 블루(sky blue)에서부터 아쿠아 블루(aqua blue), 네이비(navy) 등 다양한 색조의 블루를 모두 좋아한다.

성향에 따라 로맨틱한 남성에게는 라이트 블루(light blue), 자기주장이 강한 남성은 코발트 블루(Cobalt blue), 보수적이고 신중한 남성은 인디고(indigo)가 어울린다. 그리고 남성은 일반적으로 강한 무기를 연상시키는 어둡고 무거운 인상의 블랙, 그레이, 실버 같은 컬러를 선호한다. 그 밖에 자연을 상징하는 짙은 그린, 뇌를 자극하는 옐로, 정의를 대변하는 화이트, 전장(戰場)의 이미지를 연상시키는 브라운이나 카키, 강한 열정을 표현하는 짙은 레드도 남성이 좋아하는 색이다.

여기서 중요한 것은 컬러 조합인데 남성은 분명하고 명확한 것을 좋아하기 때문에 확실한 '명암 차이'를 주는 배색에 신경 쓰는 것이 좋다. 화이트와 블랙, 화이트와 네이비, 실버와 블랙, 옐로와 블랙, 레드와 블랙 같은 배색은 조금 더 남성에게 어필하는 데 효과적이다.

현재는 남성의 컬러 스펙트럼이 여성보다 넓지 않지만, 남성의 쇼핑 영역은 점차 넓어지고 있으며 덩달아 소비도 증가하고 있다. 남성 소비자를 고객 타깃으로 삼고 있다면 이제 그들의 변화에 주목해야 한다.

꾸미는 남자가
아름답다

최근 남성의 소비 패턴이 심상치 않다. 남성은 이제 더 이상 쇼핑몰 저편에서 머뭇거리거나 여자 친구 혹은 아내가 골라준 옷을 입지 않는다. 남성이 주도적으로 자신의 외모 가꾸기와 소비 생활을 즐기기 시작했다. 그들의 잠자던 쇼핑 본능을 깨운 것은 '온라인 쇼핑'이다. 직진 본능을 가지고 있는 남성은 자신이 원하는 아이템을 찾고 가격을 비교하고 단번에 결제할 수 있는 온라인 쇼핑의 편의성과 신속성 때문에 물 만난 고기처럼 온라인 쇼핑몰의 주역이 되었다.

글로벌 온라인 캐시백 기업 이베이츠코리아(Ebates Korea)에 따르면 2018년 남성의 온라인 쇼핑 주문 건수는 2017년 대비 78퍼센트 증가해 여성 구매 고객 증가율(13퍼센트)을 훨씬 넘어섰고, 1인당 평균 구매액은 12만 800원으로 전년 9만 7,000원 대비 25퍼센트 증가했으며, 1인당 평균 주문 건수도 14건으로 여성(11건)보다 높았다. 주요 아이템은 디지털 기기, 스포츠용품, 명품인데 그중 명품 운동화가 가장 많은 판매량을 보였다.

국내 남성 화장품 시장은 2010년 7,925억 원에서 2017년 1조 1,843억 원으로 50퍼센트 가까이 성장했다. 그 엄청난 규모의 시장을 이끌어가고 있는 또 다른 남성 소비자 그룹은 그루밍족(grooming, 패션과 미용에 아낌없이 투자하는 남자들을 일컫는 신조어)에서 진화한 '화색남(화장하는 섹시한 남자)'이다. 이들은 비비크림, 컨실러, 아이브로, 립밤, 눈썹칼을 구매하고 눈썹 정리에서부터 잡티 제거, 피부 보정까지 여성 못지않은 화장술을 자랑한다.

립스틱, 블러셔, 아이섀도 같은 색조 아이템을 남성이 사용한다고 하면 아직은 낯설지만, 영국 브랜드 제카(Jecca), 국내 브랜드 라카(Laka)는 모두 성별 없는 메이크업을 표방하며 남녀 공용 색조 화장품을 선보이고 있다. CJ올리브영에 따르면 남성 화장품은 2014년부터 2016년까지 40퍼센트 성장했고, 남성 색조는 2016년 매출이 전년 대비 70퍼센트 증가했다. 여성용 쿠션 파운데이션의 인기와 함께 남성용 에어쿠션도 출시되면서 G마켓에서의 판매량은 2016년에 전년 대

컬러는 남성의 매력을 더해준다. 남성도 컬러를 잘 활용하면 호감이 가는 이미지를 만드는 데
도움이 된다.

비 92퍼센트 증가했다.

남성용 색조 화장품 패키지는 여성용과는 컬러가 다르다. 주로 블루, 블랙을 메인 컬러로 하고, 거칠고 강한 스톤 컬러나 메탈 실버와 같은 소재 컬러와 조합하거나 블랙과 레드 혹은 블랙과 옐로 등 명확하고 강렬한 배색을 사용한다. 남성에게 어필하는 컬러 조합과 이미지 연출은 그동안 숨겨왔던 남성들의 욕망을 조금씩 깨우고 있다. 아름다움에 대한 욕구는 인간의 본능이며 남녀의 구분이 없다.

남성의 매력을 높여주는 컬러

첫인상은 3초 만에 결정된다고 한다. 그만큼 시각 의존도가 높으므로 호감 가는 이미지를 만드는 전략이 필요하다. 우선 남성을 위한 컬러 전략에서 블루는 신뢰감과 남성의 매력을 어필할 수 있는 가장 대표적인 컬러다. 블루 셔츠 혹은 블루 타이는 스마트하면서 신뢰할 만한 이미지를 심어주어 상대를 설득하는 자리에 착용하면 좋은 아이템이다. 블랙은 단호하고 결단력 있는 이미지를, 짙은 그린은 편안함과 안전함을, 옐로는 친근하고 밝은 느낌을, 레드는 강렬한 인상을, 화이트는 깔끔하고 단정한 인상을 준다.

미국 헤어 케어 브랜드 마케팅을 담당했을 때 함께 일했던 미국 본사의 부사장은 세상의 모든 수트를 완벽하게 소화해내는 패셔니스타였는데, 사실 그의 매력은 정갈한 수트보다 언뜻언뜻 비치는 형형

●● 예상치 못한 의외의 컬러가 남성의 매력도를 높일 수도 있다.

색색의 화려한 양말에 있었다. 볼 때마다 웃음을 짓게 했던 그 양말 때문에 하루는 그 이유를 묻게 되었는데, 그의 대답이 유쾌했다.

"그냥 포멀한 수트는 지루하니까 뭔가 양말만큼은 재미를 주고 싶어서 이런 양말을 즐겨 신습니다."

그의 이러한 성향은 일할 때도 드러났는데, 언제나 진지하게 일하면서도 사람들과의 관계에서는 늘 유머를 잃지 않았다. 그처럼 무엇이든 자신만의 매력적인 컬러를 찾을 필요가 있다.

남성의 컬러 인식은 여성과 다르다. 블루와 그린에 대한 남녀의 선호도는 비슷하지만 여성의 선호도가 높은 '퍼플'은 남성들이 선호하는 컬러가 아니다. 대부분 3색형 색각자인 남성은 특히 퍼플과 핑크를 잘 구분하지 못한다고 한다. 페이스북의 창립자 마크 저커버그는 적녹색맹으로 녹색과 붉은색을 잘 구분하지 못해서 페이스북의 브랜드 컬러가 블루로 결정되었다고 한다. 누구든 자신의 눈에 잘 보이는 것이 좋아 보이는 법이다.

세상은 컬러풀하다. 하지만 생후 1개월 된 신생아가 보는 세상은 아직 흑백이다. 아직 안구 표면에 멜라닌 색소가 없어서 명암 차이가 큰 것이 아니면 잘 구분하지 못한다. 그래서 블랙과 화이트의 두꺼운 줄무늬를 좋아하고 밝고 움직이는 것, 촉감이 있는 것에 더 흥미를 느낀다.

생후 2~3개월부터 컬러를 인식하기 시작한다. 옐로, 화이트, 핑크, 레드, 오렌지 등 따뜻한 느낌을 주는 난색 계열 컬러와 명도가 높은 밝은 느낌을 주는 파스텔 톤 컬러를 좋아한다. 생후 6개월이 되면 원색을 식별하기 시작한다.

그래서 아이들을 위한 제품이나 인테리어는 주로 원색이 사용된다. 레드는 체력을 길러주고 옐로는 언어능력을 높여주며 그린은 몸

아이들의 패션은 엄마의 취향을 반영한다. 세련되고 시크한 엄마의 컬러 감각은 아이의 옷차림으로 표현된다.

과 마음의 균형을 맞추어준다. 블루는 좌뇌와 우뇌 모두를 자극하여 감성과 이성을 발달시킨다.

6~7세부터 컬러에 대한 성별의 차이가 나타나기 시작하는데 여자아이는 핑크, 스카이 블루, 퍼플, 레드를 좋아하고, 남자아이는 블루, 튀르쿠아즈(turquoise), 옐로, 블랙을 좋아한다. 어린아이가 블랙을 좋아하다니 의외라고 여길지 모르겠지만, 이는 비밀스러운 걸 좋아하고 힘겨루기를 시작하며 강해 보이는 것을 선호하는 남성의 성향에서 비롯된다. 다양한 컬러 환경 속에서의 자연스러운 학습은 아이들의 두뇌를 발달시키고 다채로운 시각적 경험은 아이들의 성장에 도움이 된다. 컬러는 아이들을 성장시키는 자연의 에너지다.

내 인생의 첫 번째 기억은 선명한 컬러다. 네 살 때 주택에 살았는데 마당에 나오면 보이는 예쁜 초록 잔디를 좋아했다. 그 마당에서 유독 좋아하던 것이 하나 있는데 바로 꿀맛 나는 빨간 샐비어(salvia) 꽃이다. 여름 즈음 샐비어 꽃이 마당 가득 피면 나는 너무 신이 나서 그 달콤한 꿀을 모두 해치워버렸다. 수십 년이 지난 지금도 그때 보았던 유혹적인 빨간색과 달콤한 꿀맛이 선사했던 행복한 순간이 또렷하게 기억에 남아 있다. 이렇듯 어린아이의 기억은 강렬한 시각적 경험과 함께 모든 감각으로 남는다.

알록달록한 컬러는 맛있다

과자 판매대에 가면 즐겁다. 알록달록한 색깔의 과자 봉지들은 왠지 신나는 음악을 틀어놓은 듯 심장박동수를 높여주고, 보는 것만으로도 단맛, 짠맛, 신맛, 매운맛을 다 느끼게 한다. 맛을 느끼는 감각은 시각, 후각, 미각 모두가 자극을 받아 이루어진다. 그래서 눈을 가리고 코를 막으면 맛을 잘 구분할 수 없다. 오감 중 시각은 87퍼센트, 청각은 7퍼센트, 촉각은 3퍼센트, 후각은 2퍼센트, 미각은 1퍼센트의 지배력을 가지고 있다. 어쩌면 맛은 혀가 아니라 눈이 느낀다고 말할 수도 있겠다.

이와 관련해 미국 ABC뉴스에서 방송된 재미있는 실험 결과가 있다. 아무 맛도 향도 없는 젤리에 컬러만 첨가해 맛을 평가하는 실험이었다. 레드, 옐로, 그리고 아무 컬러가 없는 3가지 타입의 젤리를 만들고 아이들에게 먹어보도록 한 후 컬러별로 무슨 맛이냐고 물어

●●● 컬러는 맛에 영향을 미친다. 장난감, 과자, 아이스크림, 사탕의 다양한 컬러가 이성적인 사고보다 감성적인 판단으로 선택하는 아이들을 유혹한다.

보았다. 아이들은 레드는 딸기 맛이나 체리 맛, 옐로는 레몬 맛이 난다고 했다. 레드가 다른 컬러의 젤리보다 더 달고, 옐로는 더 시다고 대답했다.

인간의 뇌는 레드 컬러를 단맛과 연결 짓는다. 옐로는 신맛, 그린은 시큼털털한 맛, 퍼플이나 어두운 컬러는 상한 맛과 연결 짓는다. 그래서 아이들은 대체로 파란색 과자 봉지보다 빨간색 과자 봉지를 집어 든다.

다양한 컬러 속에서
성장하는 아이들

아이들은 성장하면서 선택하는 법을 배운다. 젊은 부모들은 아이에게 선택 결정권을 준다. 아이가 스스로 생각하고 판단하고 결정하는 것은 중요한 학습이 되기 때문이다. 아이들은 구매 결정권을 행사하는 당당한 소비자 그룹으로 자리 잡았다. 학용품, 의류, 신발, 장난감 등의 제품을 아이가 직접 선택하는 경우가 50퍼센트에 이른다.

아직 선입견이 없는 어린이(4세~12세)는 다양한 경험을 해보는 것이 중요하다. 컬러도 편식하지 않는 것이 좋다. 엄마 눈에 핑크가 예뻐 보인다고 해서 여자아이의 옷과 방을 온통 핑크 컬러로 바꾸는 것은 바람직하지 않다. 아이의 성향에 따라서 좋아하는 컬러를 즐길 수 있게 해주고 그와 함께 다양한 컬러를 접할 기회도 마련해주어야 한다. 다양한 색을 경험한 아이들은 좌뇌와 우뇌, 감성과 이성, 체력과 정신력 모두 균형 있게 성장한다. 그 과정에서 자신의 취향과 가치관을 정립해나갈 수 있다.

예전에 버스를 타고 가다가 우연히 옆 좌석에 앉아 있던 엄마와 여자아이의 대화를 듣게 되었다. 미술학원에서 그려온 딸의 그림을 보고 엄마는 물었다.

"왜 하늘을 핑크색으로 칠했어? 봐봐! 하늘은 파란색이잖아."

아이는 대답했다.

"핑크색 하늘이 더 예쁘잖아."

맞는 얘기다. 눈으로 보는 컬러보다 마음으로 느끼는 컬러가 정답일 수도 있다. 우리가 하늘을 파란색으로 보는 것은 인간의 시각세포 구조에 의한 것이다. 다른 생명체에는 다른 컬러로 보일 수 있다. 그러니 정말 무엇이 정답이라고 단정할 수 없다.

그저 객관적인 사실만을 근거로 한다면 자칫 아이들의 감성을 놓쳐버릴 수가 있다. 어른들이 보기에는 정신 사나운 알록달록한 컬러를 아이들은 좋아한다. 마치 잉크처럼 입술과 혓바닥을 온통 빨갛게 파랗게 물들이는 사탕을 물고 아이들은 즐거워한다.

세상에 나쁜 컬러는 없다. 모든 컬러는 나름대로의 의미가 있고 그들만의 역할이 있다. 아직 편견이 없는 아이들은 모든 컬러를 있는 그대로 받아들인다. 그 순수한 언어를 터득하면 컬러로 아이와 소통할 수 있고 아이들의 선택도 얻어낼 수 있다. 아이들이 과자를 고르는 기준은 복잡하고 까다로운 논리가 아닌 단순하고 솔직한 본능에서 비롯된다.

흔히 빨간색이 예뻐 보이면 나이 든 증거라는 얘기가 있다. 그냥 하는 말이 아니라 실제로 근거가 있다. 나이가 들면 수정체에 색소 침착 현상이 일어나는데 외부에서 들어오는 빛을 모아주는 역할을 하는 수정체가 황갈색으로 변하면서 광선 투과량이 줄어들게 되고, 노란색 필터를 낀 것처럼 파란색이 선명하게 보이지 않게 된다. 그래서 파란 계열 컬러보다 붉은 계열 컬러를 더 잘 인식한다.

타깃 고객이 시니어라고 해서 블루를 배제할 필요는 없다. 선명한 블루, 밝고 부드러운 톤의 블루는 시니어에 어필할 수 있다. 그들은 라이트 핑크, 옐로, 라임 그린, 라이트 블루를 선호한다. 여성 시니어의 경우 퍼플이나 라벤더 색을 좋아한다. 레드, 오렌지 등 활기찬 에너지를 주는 컬러는 액티브 시니어(active senior)와 잘 어울린다.

● ● 시니어들은 꽃이 만발한 화원처럼 밝고 고운 컬러를 좋아한다. 밝고 고운 컬러는
그들에게 혈기와 활력을 전해준다.

건강 수명을
늘려주는 컬러들

어느 시대보다 적극적인 태도와 건강한 몸과 마음을 지닌 오늘날의 시니어 세대들은 정년퇴임 후 더 멋진 인생 2막을 시작한다. 대한민국 평균수명은 남자 79세, 여자 85세이고 건강수명은 남녀 모두 65세다. 100세 시대를 맞아 평균수명은 늘었지만, 사실 오래 사는 것보다 건강하게 사는 것이 중요하다. 좋은 음식과 규칙적인 운동을 기본으로 하는 건강한 습관들은 무엇이 좋은지 알고 실천하는 것이 중요하다.

컬러도 이런 건강수명을 연장시키는 데 기여할 수 있다. 컬러 푸드(color food)를 섭취하면 우리 몸에 필요한 컬러 에너지를 보충하여 신체 흐름을 원활하게 만들어준다. 레드, 옐로, 그린, 블랙, 화이트 등 선명한 컬러를 가진 컬러 푸드는 선명한 컬러를 통해 식물이 스스로를 보호하는 천연 방어 물질 파이토케미컬(phytochemical) 성분을 가지고 있기 때문에 강력한 항산화 효과와 면역 기능을 향상시켜, 호르몬 조절에 도움을 준다. 또 세포 손상을 막아주며, 암세포 성장 속도와 노화를 지연시켜준다.

컬러 푸드는 컬러별로 주요 성분과 효과가 조금씩 다르다. 먼저 토마토, 사과, 딸기, 고추, 석류 등 레드 푸드에 들어 있는 '라이코펜'은 활성 산소 제거 효과가 뛰어나고 면역 기능 강화와 혈관을 튼튼하게 지켜준다. 단호박, 오렌지, 당근, 옥수수 등 옐로 푸드에 들어 있는 '베타카로틴'은 몸에서 비타민 A로 바뀌어 신체 저항력을 높여주고 세포 재생을 촉진시키며 항산화 작용이 뛰어나다. 브로콜리, 케일, 시금치, 아보카도, 오이 등 녹색 채소에 들어 있는 '클로로필'은 신진대사를 원활하게 하고 몸속 노폐물을 배출해주는 효과를 가지고 있다. 블루베리, 검은콩, 다시마, 가지 등 블랙 푸드에 들어 있는 '안토시아닌'은 강력한 항산화 효과와 세포 손상을 방지해 노화 방지에 탁월하다. 마늘, 양파, 무, 인삼, 더덕 등 화이트 푸드에 들어 있는 '플라보노이드'는 항암 효과 및 세균과 바이러스에 대한 저항력을 강화해 외부 유해 물질로부터 우리 몸을 지켜준다. 컬러마다 조금씩 다른 효능, 효과가 있기 때문에 골고루 섭취하는 것이 좋으며 선명한 컬러를 가지고 있는 이 음식들은 젊음을 유지하는 데 도움이 된다.

몸을 치유해주는 컬러

먹는 것뿐 아니라 컬러를 보는 것만으로도 치유 효과를 볼 수 있다. 우리가 피로할 때 하늘을 보고 산을 오르고 바다를 찾는 것은 그곳에 치유의 컬러가 있기 때문이다. 색채 인식은 시각을 통해 이루어지는 생리적인 현상과 감정에 영향을 미치는 심리적인 현상이 동시에 이루어진다. 그래서 빛의 파장인 컬러는 우리 몸에 직접 영향을 미칠 수 있다.

컬러 테라피(color therapy) 혹은 크로모서로피(chromotherapy)라고도 불리는 색채 요법은 컬러 에너지를 이용해 병을 치료하는 대체의학

●● (위) 건강수명을 늘리는 비법은 선명하고 컬러풀한 음식을 먹는 것이다.
(아래) 컬러는 보는 것만으로도 치유 효과가 있다. 자연이 선사하는 컬러 에너지는
젊음을 유지하는 최고의 명약이다.

중 하나다. 컬러를 신체 부위에 붙이거나 컬러 광선을 직접 몸에 쪼여 생체 리듬을 원활하게 만들어 치료한다.

일상에 활용해볼 수 있는 컬러 심리 요법도 있다. 블랙은 시니어가 멀리해야 할 컬러다. 검은색 옷은 몸에 좋은 태양 광선을 모두 흡수하여 우리 몸속으로 전달해주지 못하기 때문에 노화를 촉진한다. 태양 빛은 호르몬 분비를 총괄하는 뇌하수체와 자율 신경계를 조절하는 시상하부를 자극해 신체 흐름을 원활하게 해주기 때문에 건강을 유지하는 데 필요하다. 흰색 옷은 몸에 좋은 모든 컬러의 파장을 그대로 투과시켜 우리 몸에 전달해주기 때문에 컨디션이 안 좋을 때 흰색 옷을 입으면 효과적이다.

시니어 세대에게 가장 중요한 것은 몸과 마음이 건강한 삶이다. 그 건강을 바탕으로 그들은 취미 생활을 즐기고, 여행을 가고, 새로운 직업에 도전하기도 한다. 20세기의 할머니, 할아버지와는 다르다. 더 젊어지고 더 유쾌한 에너지로 무장했다. 그들의 건강하고 행복한 삶을 지지해주고 케어해줄 수 있는 제품과 콘텐츠를 개발한다면 당연히 타깃 고객에 어울리는 컬러를 찾아야 한다.

TIP

핑크 택스

오래도록 핑크는 여성을 상징하는 색이었다. '핑크 택스(pink tax)'는 여성용 제품이 남성용 제품보다 더 비싼 가격이 매겨지는 현상을 일컫는 말로 국내뿐 아니라 전 세계적으로 쓰이고 있다. 2015년 뉴욕시 소비자보호원이 24개 온·오프라인 소매점에서 판매되는 800개 제품의 남녀 제품 가격 차이를 조사한 결과, 여성용이 비싼 제품은 42퍼센트, 남성용이 비싼 제품은 18퍼센트에 불과하며, 여성용 제품은 남성용 제품보다 평균 7퍼센트 비싼 것으로 드러났다. 명품 브랜드들도 상황은 비슷하다. 동일한 디자인의 구찌 셔츠가 남성용은 1,100달러, 여성용은 1,390달러다. 업계의 해명은 여성 의류가 더 정교하고 많은 수작업이 필요하며 남성 의류에 비해 사이즈와 색상이 다양하기 때문에 원가나 비용 부담이 더 크다는 것이다.

2017년 7월 청와대 국민청원 게시판에 핑크 택스에 관한 청원 하나가 올라왔다. 같은 미용실에서 여성 커트 가격 1만 8,000원으로 남성 커트 가격 1만 2,000원보다 비싼 이유가 무엇이냐는 것이다. 심지어 어떤 곳은 여성 커트 4만 4,000원 남성 커트 2만 2,000원으로 2배까지 차이가 나기도 한다. 기장의 차이 때문이라지만 미용사의 말에 의하면 긴 기장이 더 자르기 쉽다고 하니 이 가격 차이에 의문이 들 수밖에 없다는 것이다.

핑크 택스에 대한 거부감이 일기 시작했고 조금씩 변화의 움직임이 보이기 시작했다. 이제 핑크는 여성용 제품, 블루는 남성용 제품으로 표현되었던 과거의 전형적이고 상투적인 컬러 팔레트가 곧 진부한 올드 패션으로 전락하게 될지도 모르겠다.

2

VALUE
AND PRICE

브랜드 가치와
제품 가격을
컬러로 표현한다

Value
and
Price

브랜드 가치를
높이는 컬러

브랜드 자산 가치란 기업이 현재에 머무르지 않고 미래로 나아갈 수 있게 해주는 엔진과 같다. 과거에는 기업의 가치를 논할 때 현금, 재고, 공장, 토지 등 유형의 자산에 집중했다면 최근에는 브랜드와 같이 돈으로 환산할 수 없는 무형의 자산에 대한 평가가 더 중요시되고 있다.

무엇보다 이 브랜드 자산 가치는 소비자의 인식과 행동으로 형성되는 것이며, 기업은 소비자와의 지속적인 관계 유지를 위해 총체적이고 전략적인 브랜드 관리 시스템을 필요로 한다.

인터브랜드(Interbrand, 미국의 브랜드 컨설팅 회사)는 매년 전 세계 브랜드의 자산 가치 분석을 통해 베스트 글로벌 브랜드(best global brand) 100을 선정한다. 2018년 10월 4일에 발표된 베스트 글로벌 브랜드

100선은 여전히 미국 브랜드 중심이란 부정적 견해도 있지만, 과감한 실행(activating brave)이라는 테마에 걸맞게 과감한 도전으로 시장의 흐름을 바꾸어가는 브랜드들의 행보를 한눈에 파악할 수 있는 지표다.

예상대로 1위는 애플(Apple, 2,144억 달러), 2위는 구글(Google, 1,555억 달러), 3위는 아마존(Amazon, 1007억 달러)이 차지했다. 테크놀로지와 자동차 산업이 전체 브랜드 가치의 절반을 차지했고, 럭셔리 산업이 42퍼센트로 가장 큰 성장을 했다. 럭셔리 산업의 대표 브랜드 샤넬(Chanel)은 23위를 차지하면서 2009년 이후 9년 만에 100위권 재진입에 성공했다.

국내 기업은 삼성(6위, 598억 달러), 현대(36위, 135억 달러), 기아(71위, 69억 달러)가 100위권에 들었다. 국내 브랜드 가치 총액은 전 세계 5위로 803억 5,000만 달러로 전년 대비 5.5퍼센트나 성장했다.

애플의 터닝 포인트가
되었던 컬러

전 세계인들이 가장 주목하고 화제에 오르내리는 브랜드는 아마 애플이 아닐까? 하지만 1976년에 애플이 처음 탄생했을 때는 크게 주목받지 못했다. 애플이 대중에게 관심을 받기 시작한 것은 1998년 혁신적인 디자인으로 탄생한 첫 번째 개인 컴퓨터 '아이맥 G3(iMac G3)' 출시부터다. 기존의 컴퓨터 디자인과는 다르게 유연한 곡선과 컬러풀하고 반투명한 외형의 혁신적인 디자인은 단번에 사람들의 이목을 집중시켰다.

1998년 본디 블루(bondi blue)를 시작으로 1999년 블루베리(blueberry), 그레이프(grape), 탠저린(tangerine), 라임(lime), 스트로베리(strawberry)의 5가지 컬러가 출시되었다. 그리고 같은 해 말 스페셜 에디션 컬러 그 래파이트(graphite, 흑연색)가 출시되었다. 이어서 2000년 중반 루비(ruby), 세이지(sage), 인디고(Indigo), 스노(Snow)가, 2001년 초에는 패턴이 가미된 블루 달마시안(blue dalmatian)과 플라워 파워(flower power)가 출시되어 아이맥 G3는 총 13가지의 컬러를 선보였다. 디자인 완성도를 위해 당시 애플은 몇 가지 기술을 포기했지만 이러한 과감한 결정은 애플이 새로운 방식으로 시장을 리드할 수 있는 기회를 열어주었다.

애플의 미래를
열어준 컬러

2001년, 애플의 수석 디자이너 조나단 폴 아이브(Jonathan Paul Ive)가 아이팟(ipod)의 컬러로 화이트를 제안하며 '단순함의 미학'은 더욱 빛을 발하게 되었다. 2007년 아이맥 알루미늄(imac aluminum), 2009년 아이맥 알루미늄 유니바디(imac aluminum unibody, 하나의 큰 알루미늄 조각을 가공해 이음새 없이 본체를 만드는 공법)의 소재로 쓰인 알루미늄 컬러는 애플의 하이테크놀로지를 상징하는 대표적인 컬러다. 2015년 아이폰 6S 출시와 함께 처음 선보인 로즈 골드(rose gold) 컬러는 많은 인기와 지지를 얻으며 다른 산업디자인에 확산되어 메탈 컬러의 또 하나

| 1976 | 1977~1998 | 1998 |

| 1998~2000 | 2001~2007 | 현재 |

● ●
애플 로고와 제품 컬러의 변화는 끊임없이 진화하는 그들의 기술, 가치, 비전을 반영하고 있다.

의 표준이 되었다.

브랜드 성장과 함께 진화해온 브랜드 컬러는 또 하나의 브랜드 역사이자 자산이 된다. 애플의 로고 컬러도 그동안 많은 변화가 있었다. 내가 처음 본 애플 컴퓨터는 초등학교 때 아버지가 업무용으로 사용한 것이었는데, 거기에는 알록달록한 레인보우 컬러의 로고가 새겨져 있었다. 최초의 애플 로고는 전설의 사과나무 아래 앉아 있는 아이작 뉴턴이 회화로 담긴 것이다. 이후 1976년부터 1998년까지 레인보우 애플 로고가 쓰였고, 이후 1998년부터 2000년 후반까지 흑백의 애플 로고가 현재까지 하드웨어 디자인에 새겨져 사용되고 있다. 2001년부터 2007년까지 유리를 콘셉트로 입체적이면서 푸른빛이 도는 컬러의 애플 로고가, 2007년부터 현재까지는 좀더 미니멀한 화이트 컬러와 혁신적인 기술을 상징하는 크롬(chrome) 컬러의 애플 로고가 사용되고 있다.

이름은 타인과 나를 구분한다. 이름이 특이하면 처음 만났을 때 자연스레 대화를 풀어갈 수도 있고 대체로 사람들이 쉽게 기억한다. 브랜드도 마찬가지다. 브랜드는 고대 유럽에서 가축의 소유주가 자신의 가축에 낙인을 찍어 소유주를 명시했던 것에서부터 시작되었다. 즉 브랜드가 갖추어야 할 첫 번째 조건은 차별성이다.

상표권도 마찬가지다. 상표명이 다른 브랜드와 유사성이 있다거나 누구나 사용할 수 있는 일반명사는 상표권을 주지 않는다. 아무리 콘셉트가 훌륭하고 디자인이 멋지고 좋은 가치를 담고 있다고 하더라도 다른 브랜드와 비슷하다면 소비자들은 그 브랜드를 구별해내기 어려울 것이다. 브랜드 컬러도 그러한 '차별성'이 없다면 경쟁력이 없다. 우리에게 필요한 것은 보기 좋은 컬러가 아니라 시장에서 경쟁력 있는 컬러다.

식품 브랜드가 가장 많이 사용하는 컬러는 식재료에서 흔히 볼 수 있는 레드, 그린, 오렌지, 옐로, 크림, 브라운 등이다. 이러한 컬러는 미각을 자극하기 때문에 브랜드 컬러로 선택했을 때 크게 실패할 확률이 낮다. 하지만 그만큼 너도나도 쓰는 컬러이기 때문에 차별화된 브랜드 아이덴티티를 확립하기는 어렵다.

자본력을 가지고 있는 대기업이라면 쉽게 유통과 미디어를 장악해 시장에 진입할 수 있겠지만 이제 시작하는 작은 회사라면 쉽지 않다. 그런 의미에서 브랜드 컬러 전략은 작은 회사가 아이디어로 승부를 볼 수 있는 스마트한 방법이다. 최근 국내외 식품 업계에서 큰 이슈를 일으키고 있는 젊은 브랜드들은 이러한 컬러의 차별성을 가지고 있다. 이들은 보통 상한 음식을 연상시키기 때문에 기존 식품 업계에서는 꺼렸던 블루와 퍼플 컬러로 식품 업계를 평정하고 있다.

집으로 배달되는
블루 레시피

전 세계적으로 건강한 먹거리에 관한 관심이 높다. 바쁜 사람들을 위해 탄생했던 패스트푸드는 결국 다양한 질병의 원인으로 지목받고 어느새 우리의 먹거리 리스트에서 사라지고 있다. 사람들은 건강한 식재료를 찾기 시작했고, 직접 조리해 먹는 음식의 중요성을 깨닫기 시작했다. 하지만 매 끼니를 요리해 먹는 것이 결코 간단한 일이 아

일반적으로 푸른색은 상한 음식을 연상시키지만, 블루 에이프런은 짙은 블루 컬러를 이용해 스마트한 밀키트의 이미지를 완성해냈다.

니다. 인생 최대 고민 중 하나인 "오늘 뭐 먹지"를 해결하기 위한 메뉴 결정에서부터 장보기, 재료 손질, 조리 그리고 식사 후 뒷정리까지 그 단계는 꽤 길고 복잡하다.

영국의 유명 셰프 제이미 올리버(Jamie Oliver)는 요리만 하는 요리 사가 아니라 올바른 식생활이 우리 삶의 질을 바꿀 수 있다는 신념으로 무엇보다 누구나 쉽게 요리할 수 있는 조리법을 전파하는 푸드 홍보 대사다. 사람들이 원하는 것은 건강한 음식을 쉽고 간단하게 만드는 방법이다. 이 니즈에 부흥하여 새로 등장한 푸드 트렌드가 바로 밀 키트(meal kit)다.

밀 키트는 한 끼 식사 분량의 손질된 식재료를 레시피와 함께 보내주는 식품 구독 서비스다. 2017년 기준 미국 밀 키트 시장 규모는 약 50억 달러로 그 선두를 이끌고 있는 브랜드는 2012년 뉴욕에서 화려한 등장과 함께 5년 만에 비약적인 성장을 이룬 블루 에이프런(Blue

● ● ● 블루 에이프런의 브랜드 컬러인 딥 블루는 고급스러운 느낌과 신뢰를 준다.

Apron)이다. 한 번 보면 잊히지 않는 브랜드 아이덴티티와 감각적이고 세련된 디자인은 단번에 사람들의 마음을 사로잡았다.

사실 블루 에이프런의 블루는 음식의 색채라기보다 레스토랑, 유리병, 유리컵, 식기 등에 자주 쓰이는 딥 블루(deep blue)다. 짙은 바다가 연상되는 컬러로 지중해 레스토랑에 가면 이 이국적인 컬러를 느낄 수 있다. 일본의 전통 색채인 감색(紺色) 역시 일본 식당에 가면 패브릭 커튼이나 주방장들의 유니폼 그리고 식기에서 쉽게 발견할 수 있다.

딥 블루는 고급스러운 느낌과 신뢰감을 주고 난색 계열의 식재료와 대비되어 음식을 더욱 돋보이게 해준다. 타사가 대부분 레드, 옐로, 그린 등 전형적인 식품 브랜드 컬러를 사용하고 있으니, 블루 에이프런의 컬러는 확실한 차별성이 있다. 블루 에이프런의 웹사이트 마켓 코너에서는 시중에서 찾아보기 힘든 다양한 블루 컬러의 조리기구, 식기, 블루 에이프런을 판매하며 브랜드 컬러에 대한 충성도를 높이고 있다.

새벽을 달리는 부엉이와
퍼플 푸드 트럭

강남 주부들 스마트폰에 하나씩 깔려 있고 요즘 가장 핫한 모바일 푸드 마켓인 샛별 배송 마켓컬리(Market Kurly)는 신선 식품을 가장 빠르게 집으로 배달해주는 식품 배송 서비스 브랜드다. 2015년 새벽 배송을 모토로 스타트업한 마켓컬리는 식품에 대한 진정성 있는 태도와 실행력으로 사람들의 장보기 습관을 바꾸어가고 있다.

내가 마켓컬리를 처음으로 경험한 것은 2016년 즈음이다. 갑자기 후무스(hummus, 병아리콩 으깬 것과 오일, 마늘을 섞은 중동 지방 음식)가 먹고 싶어져서 마트며 백화점이며 인터넷 쇼핑몰을 뒤지던 중 발견한 곳이 바로 마켓컬리였다. 아침 식사로 먹을 잡곡빵과 후무스를 밤에 주문하고 잠들었는데 새벽 3시에 도착 문자가 와서 깜짝 놀라 깼다. 나가서 보니 정말 그 시간에 후무스가 집 앞에 도착해 있었다. 신속한 배송뿐만 아니라 작은 빵 하나와 후무스 하나를 푸드박스에 꼼꼼하게 포장한 그 정성에 감동했다. 그 새벽에 배달해준 직원에게 가장 고마웠다. 그때만 해도 제품 구성이 많지 않았는데 지금은 정말 모든 식재료 구매가 가능하다.

마켓컬리에서 내 눈을 확 사로잡았던 것은 브랜드 컬러다. 마켓컬리의 브랜드 컬러는 자색 양배추 채소를 연상시키는 퍼플이다. 몇몇 퍼플 컬러 푸드가 있지만 식품 브랜드 컬러로 좀처럼 사용하기 어려운 컬러다. 그런데 마켓컬리는 모바일 프리미엄 마트를 포지셔닝하며 감각적이고 세련된 푸드 이미지 사진들과 함께 퍼플만이 갖는 고

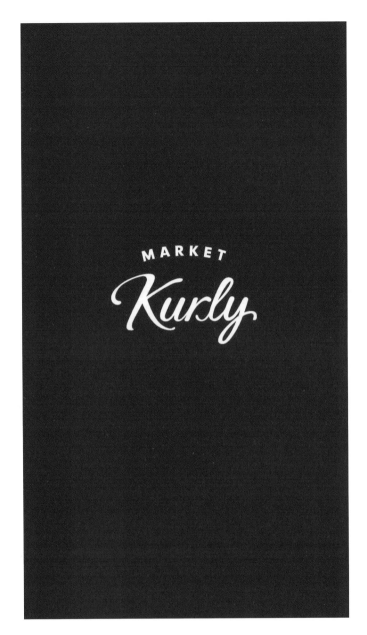

●● 컬러 퍼플은 고급스러움과 고가의 이미지를 전달하는 데 효과적이다.

급스럽고 우아한 이미지를 브랜드 아이덴티티에 잘 녹여냈다. 가끔 도로에서 마켓컬리의 퍼플 컬러 트럭을 발견할 때면, 커다란 눈의 부엉이 캐릭터와 어우러져 마켓컬리의 아이덴티티를 잘 대변해주고 있다는 생각이 든다.

차별화에는 '논리'가 필요하다. 차별화는 '나음'이 아니라 '다름'으로 경쟁 우위에 서는 것이다. 모든 크리에이티브한 아이디어가 차별화를 의미하지는 않는다. 치밀한 시장조사와 면밀한 분석, 무엇보다 같은 사물과 현상을 보는 남다른 시각과 인사이트가 시장에서 경쟁력을 발휘하는 차별화를 만들어낸다.

브랜드 컬러는 '선택'하는 것이 아니라 '설계'하는 것이다. 당신이 새로운 브랜드와 제품을 출시할 예정이라면 컬러칩을 보고 맘에 드는 컬러를 고를 것이 아니라 먼저 제품이 판매될 매장에 나가보는 것이 좋다. 혹은 타깃 유통 채널이 온라인이라면 인터넷 오픈 마켓에서 해당 카테고리의 브랜드들이 주로 어떤 컬러를 사용하고 있는지, 시장을 주도하고 있는 브랜드들이 어떤 컬러로 어떻게 소비자와 소통하고 있는지 분석해볼 필요가 있다.

그리고 브랜드의 스토리와 가치를 전달할 수 있는 컬러를 선택하고 제품의 기능과 콘셉트를 뒷받침해줄 수 있는 기획 단계를 거치면 브랜드의 차별화를 지지해줄 수 있는 근거를 만들 수 있다.

가격을 암시하는 컬러

03

"포지셔닝(positioning)이란 소비자의 머릿속에 있는 작은 사다리의 어느 자리를 차지하는가 하는 문제다."

24살 마케팅 일을 시작하며 읽은 잭 트라우트(Jack Trout)의 《마케팅 불변의 법칙》과 《마케팅 포지셔닝》에 나오는 말이다. 마케팅의 교과서라고도 할 수 있는 이 책은 시간이 지나도 변하지 않는 다양한 마케팅 법을 소개하고 있는데 그중 가장 중요한 개념이 바로 포지셔닝이다. 내가 지금까지도 마케팅을 하며 가장 중요하게 생각하는 핵심 전략이며 모든 브랜드 마케터가 첫 번째로 고민하는 과제이기도 하다. 이와 연관된 STP전략(segmentation, targeting, positioning)은 시장 세분화를 통해 고객 타깃을 정의하고 그들의 머릿속에 어떻게 자리 잡을지 결정하는 마케팅 프로세스의 1단계라고 할 수 있다.

타기팅에서 무엇보다 중요한 기준은 가격이다. 저가시장 혹은 고가시장 등 공략하는 시장에 따라 브랜드의 레벨은 럭셔리(luxury), 프리미엄(premium), 매스(mass), 밸류(value)의 4가지로 구분된다. 브랜드 컬러 역시 그 가격의 포지셔닝을 반영하고 있기 때문에 브랜딩 전략에서 반드시 검토되어야 할 사항이다. 시장을 세분화하고 타깃을 정하면 차별화된 포지셔닝을 결정할 수 있는데 브랜드 컬러도 포지셔닝 맵을 활용하면 컬러를 결정하는 데 도움이 된다.

예를 들어 Y축에는 고가와 저가를 X축에는 기능, 품질, 효과, 제품의 다양성 등 해당 브랜드가 가격과 함께 차별화에서 우위에 설 수 있는 조건을 둔다. 그다음 경쟁사들의 로고를 컬러와 함께 비교해보면 어떤 컬러가 우리 브랜드의 경쟁력에 도움이 되는지 답을 찾을 수 있다. 물론 이때 컬러가 가지는 상징적 의미를 함께 고려해봐야 한다.

수많은 레드 컬러 속에서
빛나는 옐로

브랜드 컬러는 단순히 브랜드 컬러 자체보다 시장에서의 차별화와 경쟁력이 중요하다. 이러한 브랜드 컬러의 포지셔닝이 어떠한 의미가 있는지 국내 유통 브랜드들을 통해 답을 얻을 수 있다. 먼저 국내 대형마트 브랜드로는 이마트, 롯데마트, 홈플러스 3개의 유통 회사를 들 수 있는데 롯데마트와 홈플러스는 레드를, 이마트는 옐로를

SSG FOOD MARKET

●● 이마트의 옐로 컬러는 확실한 차별화와 함께 긍정적인 에너지와 따뜻한 환영의 인상을 준다.

브랜드 컬러로 쓰고 있다. 최근 급부상한 초저가 생활 용품숍 다이소의 브랜드 컬러 역시 레드이며, 프리미엄 슈퍼마켓 SSG 푸드 마켓의 브랜드 컬러 역시 레드다.

우리나라 대형 유통 브랜드들은 초저가 브랜드에서부터 프리미엄 브랜드까지 이마트를 제외하고는 레드 컬러를 사용하고 있다. SSG 푸드마켓이 조금 어두운 레드를, 다이소가 조금 쨍한 레드를 사용하고 있지만 그 차이가 아주 미묘해서 구분하기는 어렵다.

그중 단연 돋보이는 이마트의 옐로 컬러는 확실한 차별화와 함께 긍정적인 에너지와 따뜻한 환영의 인상을 준다. 멀리서 보이는 옐로 간판은 웃고 있는 얼굴의 노란색 스마일리(smiley) 아이콘처럼 친숙하게 다가온다. 사람들은 매장을 들어서기도 전 이 옐로 컬러에 마음이 무장 해제되어 쇼핑을 시작한다. 만약 이마트의 로고가 레드였다면 어땠을까? 과연 지금과 같은 편안한 맘으로 이마트로 향할 수 있을까? 이마트가 대형마트 브랜드의 1위를 차지하는 데 이 옐로의 공헌도가 컸음은 결코 부인할 수 없다.

가격에 따라
다른 브랜드 컬러

영국 하면 가장 먼저 떠오르는 컬러는 바로 레드다. 빨간 이층 버스, 빨간 공중전화 부스, 빨간 우체통 등 런던 거리를 런던답게 만드는 건 역시 레드다. 그렇다면 영국 마트는 과연 어떤 컬러를 사용하고 있을까?

영국 슈퍼마켓들이 브랜드 컬러로 가장 많이 쓰는 것이 그린인데, 이 그린 컬러는 브랜드 전략에 따라 다양한 형태를 취한다. 같은 그린이어도 어떤 톤을 쓰는지, 어떤 컬러와 조합하는지에 따라 차별화 전략이 가능하다.

영국의 슈퍼마켓은 취급하는 제품의 가격대에 따라 브랜드의 클래스가 나뉜다. 저가형에는 아스다(Asda), 알디(Aldi), 리들(Lidl), 아이스랜드(Iceland)가 있고, 중가형에는 테스코(Tesco), 세인즈버리(Sainsbury), 모리슨(Morrisons) 등이 있다. 고가형에는 막스앤드스펜서(Marks & Spencer), 웨이트로즈(Waitrose)가 있다.

저가형 아스다의 그린이 맑고 깨끗한 라임 그린(lime green) 컬러로 가볍고 친근한 느낌이라면 고가형 웨이트로즈의 그린은 조금 탁하고

●● 같은 색상이어도 어떤 톤과 컬러 조합을 선택하는지에 따라 저가, 중가, 고가 브랜드의 이미지가
달라진다.

　●　● 　프랑스의 슈퍼마켓도 마찬가지다. 일반 슈퍼마켓은 인공적인 비비드 톤을, 유기농 슈퍼마켓은
　　　　자연스러운 탁색을 주로 사용한다.

차분한 피클 그린(pickle green)으로 고급감을 전한다. 각 브랜드의 로고 리뉴얼 역시 미묘한 컬러 변화가 있다. 중가형 모리슨은 기존 브라이트 그린과 레몬 컬러의 조합에서 에버그린과 허니옐로의 짙은 색조로 변경해 고급감을 더했고, 고가의 막스앤드스펜서 역시 2014년에 기존 블랙과 라임 컬러 조합에서 블랙 단일 컬러로 변경하며 프리미엄 브랜드의 이미지를 더 확고히 했다.

특이한 것은 취급하는 제품의 90퍼센트가 냉동식품인 아이스랜드인데 브랜드 이름의 의미와는 다르게 로고 컬러는 레드다. 블루 컬러의 아이스랜드 간판은 너무 추워 보여서 좀처럼 고객들이 문을 열고 들어가기 주저하기 때문에 전략적으로 레드를 선택한 것이다.

감각적인 디자인과 컬러로 승부한
웨이트로즈 PB상품

최근 경제 불황과 함께 초저가 브랜드 알디와 리들이 강세다. 그 속에서 또 다른 전략으로 굳건하게 자리를 지키고 있는 브랜드가 있다. 바로 프리미엄 슈퍼마켓 '웨이트로즈'다. 콧대 높은 가격 때문에 상류층 슈퍼마켓으로 알려진 웨이트로즈는 1904년 설립된 영국의 고급 슈퍼마켓이다.

2016년 매출 약 65억 파운드, 시장점유율 약 5퍼센트, 전국매장 약 350개로 업계 순위 6위의 브랜드다. 영국 왕실에 제품을 납품할 수 있는 로열 워런티(loyal warranty)를 가지고 있고, 유기농 식품 점유율

20퍼센트를 차지하며 무엇보다 질 좋은 식재료를 제공하는 브랜드로
유명하다.

웨이트로즈의 성장 비결에는 뛰어난 제품 패키지 디자인으로 무
장한 PB상품(Private Brand goods, 백화점·슈퍼마켓 등 대형 소매상이 자기 매장의
특성과 고객의 성향에 맞추어 독자적으로 개발한 브랜드 상품)이 있다. 보통 유통
회사의 PB상품은 가성비를 내세운 제품들로 훌륭한 디자인을 기대
하기는 어려운데 웨이트로즈는 다양한 가격대의 PB상품을 기획하
고, 내부 디자인팀뿐만 아니라 외부 디자인 회사 혹은 프리랜서 일러
스트레이터들과 협력하여 제품 디자인에 집중하고 있다.

웨이트로즈의 PB상품은 가격대별로 크게 3가지로 나뉘는데 화이
트를 바탕으로 한 저가 라인, 컬러풀한 중가 라인, 블랙 컬러의 프리
미엄 라인이다. 특히 저가 라인 에센셜 웨이트로즈(Essential Waitrose)를
만들어 웨이트로즈가 보증하는 믿을 만한 품질에 합리적인 가격을
더해 그들만의 밸류(value) 라인을 성공적으로 안착시켰다.

기본 화이트 바탕에 내용물 혹은 제품의 포인트 컬러를 살리고 심플한 일러스트나 타이포그래피 디자인을 더해 저가 제품이지만 패키지 디자인이 결코 저렴해 보이지 않는다. 새로운 패키지 디자인은 전체 매출 5.1퍼센트 증가로 이어졌다. 웨이트로즈의 사례는 이미지로 소통하는 오늘날, 디자인이 최고의 마케팅 전략임을 단적으로 보여준다.

컬러는 브랜드 혹은
제품 가격을 암시한다

조 할록은 색상별로 가격의 순위를 매겨보는 조사를 했는데, 그 결과 가장 저렴해 보이는 컬러는 오렌지, 옐로였고 그다음은 브라운, 레드, 화이트, 그레이, 그린이었으며, 가장 비싸 보이는 컬러는 퍼플, 블랙, 블루였다. 물론 이 조사는 원색 기준에 의한 결과로 톤이나 질감 혹은 어떤 컬러와 조합하느냐에 따라 컬러의 심리적인 효과가 달라진다.

무엇이든 적절하게 쓰는 것이 중요하다. 당신의 브랜드가 저가 시장을 포지셔닝하고 있다면 브랜드 컬러도 오렌지, 옐로, 레드 등 쉽게 다가갈 수 있는 컬러를 선택하는 것이 좋다.

저가임에도 비싸 보이기를 원해서 블랙이나 골드를 잘못 사용하면 자칫 여러 가지 문제가 발생할 수 있다. 대중적인 브랜드는 고객의 접근성을 높여 손님 유인을 늘리는 것이 중요한데 컬러를 잘못 사용하면 고객과의 소통에서 오해가 발생할 수 있다. 가격이 명시되어 있지 않다면 고객은 블랙 컬러의 간판이나 쇼윈도의 골드 컬러 제품만을 보고 '너무 비싸 보여' 접근하지 않으려고 할 수도 있다.

컬러는 소재와 질감의 영향을 많이 받기 때문에 고급스러운 블랙을 표현하려면 고급 소재를 써야 한다. 같은 페인트를 사용해도 두꺼운 철재와 가벼운 플라스틱 소재 위에서 발하는 컬러의 고급감은 확연히 다르다. 광택도 고급감에 영향을 미치는데 보통은 유광보다 무광이 고급스러운 느낌을 준다. 인쇄물 또한 같은 컬러라고 할지라도 모조지, 스노우지, 아트지 등 저가 종이와 랑데부, 몽블랑, 앙상블과 같은 고급 종이에 재현되는 컬리의 고급감은 다르다. 종이의 두께도 영향을 미치는데 보통은 적당한 두께감이 있을 때 고급스러운 느낌을 더할 수 있다. 선명하고 또렷한 컬러를 재현하기 위해서는 비싼 염료나 안료가 필요하다. 골드는 인쇄할 때 별색을 사용해야 하므로 비용이 많이 든다.

이렇듯 다양한 경우의 수를 고려하여 당신의 브랜드 포지셔닝에 걸맞은 브랜드 컬러를 사용해야만 원하는 효과를 얻을 수 있다.

프리미엄
브랜드의
컬러 팔레트

04

아침에 출근해서 커피 한 잔, 점심 먹고 입가심으로 한 잔, 나른할 때 한 잔. 일상에서 커피만큼 하루 소비량이 많은 음식도 없다. 정말로 우리의 몸이 커피를 필요로 하는 것인지 모르겠지만, 모두 습관처럼 커피를 마시고 있다. 하루 두세 잔의 원두커피는 항산화 효과와 면역력 증대 그리고 간암 예방 효과까지 있다고 하니, 그 애정도가 더 높아질 수밖에 없다. 어느새 현대인의 생활 습관이 되어버린 커피는 엄청난 소비량 증가를 일으켰고, 이는 커피 시장의 비약적인 성장으로 이어졌다.

믹스 커피가 제일 맛있었던 시절을 지나 아메리카노, 에스프레소, 콜드브루, 스페셜티 커피까지 커피에 대한 입맛도 까다로워지고 있다. 프리미엄 가격을 치러야 하는 비싼 커피, 우리는 정말 그만큼 맛에 예민한 걸까?

커피 맛과 컬러에 관한 재미있는 실험 결과가 있다. 똑같은 원두로 내린 커피를 유리컵 네 잔에 담는다. 그리고 그 옆에는 딥 브라운, 레드, 블루, 옐로의 4가지 다른 컬러의 패키지 캔을 옆에 둔다. 네 개의 독립된 부스에 각각 놓고 사람들에게 부스를 돌아다니면서 맛을 보게 한 후 설문지를 작성하도록 했다.

응답자의 73퍼센트가 풍미와 향이 아주 강한 커피로 '딥 브라운' 패키지 캔을, 84퍼센트가 풍미와 향이 약간 진한 커피로 '레드' 패키지 캔을, 79퍼센트가 풍미와 향이 약간 흐린 커피로 '블루' 패키지 캔을, 87퍼센트가 풍미와 향이 아주 흐린 커피로 '옐로' 패키지 캔을 꼽았다.

이 실험으로 대다수의 커피 브랜드가 패키지 컬러로 딥 브라운이나 다크 브라운을 메인 컬러로 삼는 이유가 설명된다. 컬러는 커피 가격에도 영향을 미친다. 가격을 말하지 않아도 컬러를 보고 우리는 그 커피가 얼마나 비싼지 짐작할 수 있다.

컬러가 커피의 품격을
말해준다

2010년 나는 색다른 커피의 매력에 빠져들었다. 당시 나는 영국 유학 중이었는데, 겨울 방학을 맞아 스위스에 사는 친구 집에 놀러 갔다. 친구는 매일 아침마다 알록달록한 네스프레소(Nespresso) 커피 캡슐이 들어 있는 짙은 나무 박스를 열어 보이며 "어떤 거 마실래?" 하고 물었다. 나는 마치 사탕 고르는 아이처럼 다양한 컬러의 캡슐을

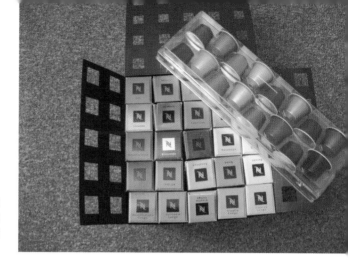

● ●
프리미엄 브랜드들의 컬러 팔레트는 주로 명도가 낮고 탁한 컬러의 조합으로 만들어진다.

고르는 재미에 푹 빠져 아침마다 설레었다. 무엇보다 나를 매료시킨 것은 순식간에 온 집 안을 메우는 커피 향기였다. 깊은 잠을 깨운 건 알람시계가 아니라 그 강렬한 커피 향기였다.

1986년 탄생한 네스프레소는 스위스 식품 회사 네슬레(Nestle)그룹의 에스프레소 캡슐 커피 브랜드다. 스위스를 본거지로 하고 있어 스위스인들에게는 국민 커피처럼 여겨진다. 그래서 아파트 쓰레기 분리수거장에는 별도로 네스프레소 커피 캡슐을 버리는 수거함까지 있었다. 시내 곳곳에 있는 네스프레소 매장에는 짙은 우드 컬러의 벽에 마치 주얼리처럼 형형색색으로 반짝거리는 커피 캡슐이 전시되어 있었다. 마치 명품숍에 들어선 듯한 착각을 불러일으킬 만큼 럭셔리한 커피의 아우라가 나를 압도했다. 결국 나를 사로잡았던 것은 커피의 맛보다 그 브랜드의 품격 있는 포장 기술이었다.

네스프레소 커피 캡슐의 컬러는 매우 직관적으로 디자인되어 있다. 기본적으로 블랙이나 다크 블루(dark blue), 딥 퍼플(deep purple) 같이 어둡고 진한 컬러의 캡슐은 진하고 깊은 풍미를 지닌 커피이고, 로즈핑크(rose pink)나 피치 오렌지(peach orange), 라임 그린(lime green) 같이 밝고 화사한 컬러의 캡슐은 꽃향기나 과일향의 산미를 지닌 커피다. 디카페인(decaffeination) 커피는 커피 캡슐에 레드 컬러의 도트 표시가 되어 있는데 개인적으로는 편안한 수면을 연상시키는 블루 컬러가 조금 더 직관적이지 않을까 하는 아쉬움이 있다.

네스프레소 홈페이지를 방문해보면 블랙 컬러가 배경색으로 쓰이고 있는데 보는 것만으로도 진한 커피향이 나는 것 같다. 그리고 이 블랙 컬러는 말하지 않아도 프리미엄 브랜드임을 나타낸다. 톤 다운된 알루미늄 소재의 캡슐 컬러는 고급스러운 느낌을 전해주고, 그 형형색색의 컬러는 짙은 커피 블랙의 배경색으로 인해 더욱더 고급스러운 빛을 발한다.

쉽게 다가갈 수 있게 만드는 컬러 팔레트

네슬레는 이러한 커피의 대중화를 위해 2006년 돌체구스토(Dolce Gusto)라는 브랜드를 출시해 네스프레소로 끌어들이지 못한 고객층까지 그 타깃을 확대해가고 있다. 네스프레소와의 가장 큰 차이는 가격과 패키지의 컬러 팔레트다.

네스프레소의 패키지는 무광 처리된 짙은 커피 블랙으로 고급스러운 느낌을 더하고 있지만 돌체구스토는 화이트를 기본 컬러로 하면서 비비드한 캡슐의 컬러가 더해져 보다 접근하기 쉬운 대중적인

●● 대중적인 브랜드의 컬러 팔레트는 주로 명도가 높고 탁함이 없는 틴트(tint) 컬러의 조합으로 만들
어진다.

이미지를 완성했다. 네스프레소 캡슐이 알루미늄 소재 컬러를 살린
그레이시 톤(greyish tone) 컬러라면, 돌체구스토는 캡슐 상단 캡에 로고
와 비비드한 컬러를 삽입해 더 친근한 느낌을 준다. 돌체구스토의 홈
페이지 역시 화이트 컬러를 기본으로 하고 있기 때문에 이 배경에 올
려지는 컬러는 조금 더 가벼운 느낌이 든다. 오렌지, 옐로, 라임, 블루
의 4가지 메인 컬러는 눈에 익숙한 컬러들로 누구나 부담 없이 다가
갈 수 있게 만든다.

가격이 다르면 품질도 디자인도 서비스도 다르다. 그리고 컬러도
달라진다. 컬러에는 프리미엄 감각이 있어서 일반적으로 밝은 컬러
는 저렴해 보이고, 어두운 컬러는 비싸 보인다. 또 옐로와 오렌지는

● ● 일반적으로 오렌지 컬러는 고가를 연상시키지 않지만 에르메스는 짙은 브라운 컬러와의 조합을
　　통해 럭셔리 브랜드의 이미지를 완성했다.

저가, 블랙과 퍼플은 고가를 상징한다. 따라서 얼마를 지급하느냐에 따라 누릴 수 있는 컬러도 달라진다.

과거 신분 사회에서는 신분에 따라 쓰는 컬러가 달랐다. "born to the purple(왕족으로 태어나다)"이라는 영어 표현이 있는 것처럼 수천 년 동안 퍼플은 왕족들만 누릴 수 있는 특권의 컬러였다. 컬러별 카드를 출시하는 현대카드는 이러한 컬러 프리미엄 전략 활용을 잘한다. 현대카드의 더 퍼플(The purple)은 최고 클래스 멤버십카드로 국내외 겸용의 연회비는 80만 원이다. 한편 최근에는 퍼플 컬러보다 블랙 컬러의 프리미엄이 더 높은데 특히 패션 업계에서 블랙 라벨(black label)은 언제나 좋은 품질과 비싼 가격을 상징한다.

프리미엄 브랜드이든 매스티지 브랜드(masstige brand, 명품의 감성을 가진 합리적인 가격의 브랜드)이든 브랜드 컬러 팔레트를 완성하기 위해서는 컬러 매칭이 중요하다. 일반적으로 레드와 블랙의 컬러 조합은 고급스러움을 주지만 레드와 옐로의 컬러 조합은 저가형으로 보이기 쉽다. 컬러의 톤도 원색보다는 원색에 그레이 컬러를 더한 그레이시 톤이 고급스러운 느낌을 준다.

사실 커피 맛은 원두의 차이가 아니라 내리는 사람의 기술 차이에서 비롯된다. 그래서 맛있는 커피를 만드는 첫 번째 조건은 실력 있는 바리스타다. 마찬가지로 매력적인 브랜드는 개성 있고 아름다운 컬러 팔레트를 만들어내는 당신의 감각에서 시작된다. 다행히 컬러 감각은 타고나는 게 아니라 길러지는 것이다. 그러니 누구든 해볼 만한 도전이다.

블랙의
실용도와 품격

05

블랙은 가장 우아하고 가장 클래식하며 가장 완벽한 컬러다. 블랙은 최고의 가치를 말해주는 컬러다. 단 한 줄기의 빛도 반사하지 않는 블랙은 언제나 단호한 태도로 분위기를 압도하지만 묵직한 존재감을 느끼게 하는 가장 믿을 만한 컬러다. 블랙 라벨은 최고의 품질임을 암시한다.

그래서 사람들은 기꺼이 블랙 컬러를 구매하기 위해 더 비싼 값을 치른다. 하지만 블랙 컬러는 여러 가지 조건에 의해 그 고급스러움을 잃어버릴 수 있다. 사용 면적이나 소재, 질감, 배색, 농도 등에 따라 블랙이 전하는 가치와 가격은 전혀 달라진다.

합리적인 컬러
블랙

블랙 컬러의 옷이나 구두는 꽤 실용적이다. 어떤 컬러와 매칭해도 잘 어울리고 매일 입거나 신어도 크게 눈에 띄지 않으며 유행을 타지 않아 시간이 지나도 질리지 않는다. 게다가 조금 때가 타도 잘 티가 나지 않으니까 관리도 쉽다. 블랙은 지불 비용 대비 활용도가 높다.

제품을 만드는 사람에게도 블랙은 합리적인 컬러다. 다양한 고객 취향에 맞춘 컬러를 선정하기도 어려울뿐더러 제작비용도 많이 들고, 어떤 컬러가 가장 잘 팔릴지에 대한 예측도 어렵기 때문이다. 그래서 저가의 일용품이나 소모품을 한 가지 컬러로만 제작해야 할 때 블랙을 사용하면 가장 부담이 없고 안전하다.

생활도감(生活道感)은 구강용품이나 세정용품 등을 합리적인 가격에 제공하는 생활용품 브랜드다. 제품은 화이트, 그레이, 블랙 무채색의 컬러 팔레트에 미니멀한 콘셉트이고, 용기 디자인은 가장 기본적인 형태로 군더더기 없이 깔끔하다. 블랙 컬러는 치약 튜브 뚜껑과 타이포그래피, 샴푸 뚜껑과 라벨, 칫솔의 치대와 치모 전체 컬러에 사용되었지만, 사용 면적이 크지 않거나 주로 플라스틱 소재에 적용되어 고가의 제품으로 보이지는 않는다.

무인양품과 비슷한 느낌이지만 디자인적으로는 조금 더 모던하고 가격도 조금 더 저렴하다. 브랜드 웹사이트에서는 심플한 흑백 일러스트와 사진 그리고 자세한 설명을 통해 제품 정보뿐만 아니라 건강한 구강 관리와 모발 관리에 대한 정보를 도감 형식으로 친절하게 제공해주고 있다. 합리적인 블랙 컬러를 담고 있는 생활도감은 미니멀 라이프를 추구하는 사람들에게 어울리는 라이프스타일 제품을 선보이고 있다.

최고급품임을
말해주는 블랙

마트나 백화점 식품 코너의 식료품은 대부분 컬러풀하다. 그런데 최근에는 무채색이 유행하면서 심플하고 깔끔한 패키지 디자인 제품이 늘어나고 있다. 또 대부분의 오가닉 제품은 선명한 원색보다 톤다운된 자연스러운 컬러를 사용하고 있다. 최고의 원료로, 최고의 레시피로 최고급 식품을 만들었다면 어떤 패키지 컬러를 선택해야 할까? 역시 가장 좋은 방법은 블랙 컬러를 사용하는 것이다.

사포(Sapfo) 엑스트라 버진 올리브오일은 에게해 동북부의 그리스섬 미틸레네(Mytilene)의 건조한 지역과 산에서 수확한 올리브를 엄선해서 만든 프리미엄 올리브오일이다. 블랙과 골드로 완성한 고급스러운 패키지 디자인은 이탈리아 밀라노의 A디자인 어워드 콤페티션(A'design award & competition) 2016~2017 패키지 디자인 카테고리에서 우승을 차지했다. 로고 심볼은 '올리브 나무 꽃'을 하나로 연결된 선으로 디자인되었는데 이것은 올리브 재배에서 수확, 생산까지 이어지는 완전한 프로세스를 통해 만들어진 제품과 서비스를 제공한다는 의미를 시각화했다.

블랙 컬러를 활용한 생활도
감의 제품들. 블랙 컬러는 비
용을 절약하면서 세련된 이
미지를 만들 수 있어 실용적
이다.

블랙과 골드의 배색은 언제
나 최고가임을 상징한다.

유리병에 달린 택(tag) 모양은 고대 도자기 조각에서 모티브를 얻어 디자인되었다. 블랙 컬러의 택에는 골드 컬러로 그리스 여류 시인 사포의 옆모습이 그려져 있고 특유의 블랙 망사가 수작업으로 각각의 병에 입혀져 있다. 이것은 고대 여인들이 모발을 아름답게 가꾸기 위해 사용했던 기술을 보여주고, 그만큼 사포의 오일이 최고 품질의 제품을 만들어내기 위해 세심한 주의를 기울이고 있다는 것을 의미한다.

유리병에 블랙 페인팅과 매트 코팅을 한 후 골드 컬러로 입혀진 타이포그래피와 일러스트는 한층 고급스러움을 더한다. 블랙 컬러의 사용 면적이 넓어지면 조금 더 무게감을 더하게 되고, 이 무게감은 고급 이미지를 완성해낸다.

블랙은 때론 실용적이고 때론 최고가임을 나타내는 컬러다. 블랙이 어디에 어떻게 쓰이느냐에 따라 블랙의 실용도와 품격은 달라진다. 때로는 당신의 제품 제작비용과 리스크를 줄여줄 수도 있고, 때로는 최고의 원료로 최고의 장인이 만든 당신의 제품의 가치를 대변해줄 수도 있다. 하지만 단순히 블랙 컬러를 사용한다고 해서 최고 품질을 만들어낼 수는 없다. 제품 기획 단계에서부터 제품 개발, 생산, 관리 그리고 판매 후 사후 서비스까지 모든 과정에서 철저함과 완벽함을 기했을 때만이 최고급품을 완성할 수 있다. 그 완전함이 블랙 컬러를 쓸 수 있는 특별한 자격을 부여해준다.

블랙은 최고가를 상징하는 컬러다. 블랙은 대놓고 직설적으로 하이 프레스티지(high prestige)를 외친다. 그 강한 톤 앤드 매너는 왠지 모를 위화감을 조성해 쉽게 접근할 수 없게 만든다. 그렇다면 제품이 프리미엄이라는 것을 은근하게 표현할 수는 없을까?

왠지 비싸 보이는 제품 컬러의 비밀은 바로 그레이다. 컬러 톤의 분류에서 그레이를 더하면 탁한 느낌이 드는 톤이 만들어지는데 이러한 탁색들이 고급감을 만드는 핵심이다. 크게 3가지 단계의 라이트 그레이, 그레이, 다크 그레이가 명도 차이를 만들면서 고급스러운 느낌을 부여한다. 보통은 명도가 높은 컬러보다는 낮은 컬러가 더 고급스러워 보이고, 가장 명도가 낮은 블랙이 최고급감을 나타낸다. 그레이시 톤의 컬러는 고상하고 기품 있는 제품이라는 것을 넌지시 알려준다.

컬러의 채도는 목소리의 볼륨에 비유할 수 있다. 즉 높은 채도의 컬러는 큰 목소리로, 낮은 채도의 컬러는 낮은 목소리로 말하는 것과 같다. 그러므로 좀더 강하게 어필하고 싶을 때는 높은 채도를, 조용히 다가가고 싶을 때는 낮은 채도를 사용하면 된다. 그래서 프리미엄 제품 컬러를 결정할 때에는 탁색에 속하는 소프트 톤, 덜(dull) 톤, 라이트 그레이시 톤, 미디엄 그레이시 톤, 다크 그레이시 톤 중 제품의 콘셉트나 이미지에 맞는 톤 한 가지를 선택하면 된다. 물론 한 가지 톤만 사용할 수도 있고, 2가지 이상 다른 톤을 함께 사용할 수도 있다. 참고로 광택도 중요한 고려 사항인데 유광보다는 무광이 더 그레이시 톤을 돋보이게 한다.

아이들을 위한
우유 필터 사용 효과

우리는 보통 흐린 날을 그레이 컬러에 비유한다. 영국 날씨는 비가 주룩주룩 많이 온다기보다 흩뿌리는 비가 많이 내리기 때문에 늘 시야가 그레이 빛이다. 이 컬러가 사람들을 우울증에 걸리게 하는 원인이라는 설도 있다. 안개 낀 뿌연 풍경은 꿈꾸는 듯한 묘한 분위기를 만든다. 런던의 회색빛 하늘은 충분히 멋지고 매력적이다. 그레이는 부드럽고, 고요하고, 아련한 감성을 불러일으키는 아름다운 컬러다.

덴마크 코펜하겐에서 온 리빙 브랜드 펌리빙(Fermliving)은 공간에 우윳빛 필터를 낀 듯한 분위기를 만들어주는데 그 비법 역시 그레이다. 기존 키즈용 리빙 브랜드가 비비드한 컬러 일색이었다면, 몇 년 전 한국으로 온 펌리빙은 아이 방을 위해 전혀 다른 컬러 팔레트를 제안하며 젊은 엄마들의 컬러 취향을 바꾸어놓았다.

지금은 그레이가 인테리어 유행 컬러가 되었지만, 몇 년 전까지만 해도 그레이는 주거 공간에 사용하기에는 조심스러운 컬러였다. 특히 아이 방이라면 삭막한 분위기를 연상시키는 그레이 컬러가 더욱더 금기시되었다.

언제나 아이들 방은 선명하고 알록달록한 컬러로 가득했다. 하지만 펌리빙이 연출하는 여자아이 방은 라이트 그레이 페인트로 칠한 벽에 그레이시한 핑크 컬러의 가구를 배치하고, 아이보리 러그와 니트 짜임의 조명 커버를 더해 차분하면서도 고급스러운 분위기를 완성한다. 게다가 명도가 높은 파스텔 톤 컬러는 빛이 없어도 밝은 분위기를 만드는 데 효과적이어서 겨울에 밤이 긴 북유럽의 전형적인 인테리어 컬러다. 펌리빙의 그레이시한 컬러는 그들의 프리미엄 가격에 대한 타당성을 만들어준다.

소비자의 구매 욕구를 일으키는 데는 다양한 방법이 있다. 과거에는 제품의 특별한 기능에 구매 욕구를 느꼈다면, 이제는 제품의 아름다운 디자인에 구매 욕구를 느낀다. 훌륭한 디자인은 더 많은 돈을 받을 만한 가치가 있다는 의미다.

사실 제품에 아름다운 컬러를 재현하는 일은 생각만큼 간단하지 않다. 디자이너가 컴퓨터로 디자인한 컬러는 컬러칩의 컬러와 달라

●● 라이트 그레이시 톤은 차분하면서도 밝은 분위기를 연출한다.

보이고, 특정한 소재에 적용되면 컬러는 또 달라 보인다. 게다가 조명 빛에 따라 같은 컬러라도 달라 보이니 계획한 대로 정확한 컬러를 제품에 담아내기 위해서는 수많은 테스트와 조율 과정이 필요하다.

하지만 한 번 형태를 바꿀 때마다 엄청난 비용이 소요되는 금형에 비하면 컬러 변경은 비용 대비 효율적인 툴이 될 수 있다. 그레이는 프리미엄 제품을 만들 때 필요한 믿을 만한 조력자임이 틀림없다.

나쁜 것을 빼고 프리미엄이 된 아이스크림의 컬러

보통은 더 좋은 제품을 만들 때, 더 비싼 제품을 만들 때 무엇인가를 더한다. 더 좋은 성분과 더 좋은 기술과 더 좋은 기능을 더해 프리미엄 제품을 만든다. 하지만 그 반대로 무언가를 덜어내어 프리미엄 제품을 만든 브랜드가 있다. 몸에 나쁜 설탕은 빼고, 합성 첨가물도 빼고, 자연의 좋은 성분만 남겨 프리미엄 아이스크림을 만든 브랜드가 바로 데나다(Denada)다.

알록달록한 것은 더 달콤하고 더 맛있게 느껴진다. 그래서 아이스크림 회사들은 무지개 빛깔 인공색소를 넣어 만든 아이스크림으로 사람들을 유혹했다. 하지만 웰빙 붐과 함께 사람들은 설탕도 없고 컬러도 없는 아이스크림을 선호하게 되었다. 데나다는 스페인어로 '천만에요(De nada)'를 의미하는데, 맛있고 건강한 아이스크림을 만들어주어 고맙다는 인사에 대한 상냥한 대답이다.

● ● 우리가 느끼는 고급스러움은 색상이 아니라 색조에 달려 있다.

데나다는 설탕 대신 자일리톨을 사용해 단맛을 내어 충치에 대한 걱정까지 날려버리는 '죄책감을 느끼지 않아도 되는 아이스크림'이다. 그래서 "행복을 돈으로 살 수는 없지만, 아이스크림은 살 수 있다. 그것은 같은 행복이다"라는 데나다의 카피는 설득력이 있다.

좋은 재료로 만든 아이스크림을 프리미엄 제품으로 포지셔닝하며 미니멀한 디자인과 그레이시 톤을 활용해 패키지를 완성했다. 바닐라, 피넛버터, 민트칩, 더블초코의 4가지 맛은 각각 3가지 컬러를 사용해 블록 형태로 디자인되었다.

무료 이미지 사이트

프리픽(https://www.freepik.com)은 수백만 개의 그래픽 디자인과 사진 등의 이미지 소스를 무료로 제공하는 사이트다. 벡터(vector, 수학적 공식에 의해 처리되는 이미지로 확대해도 이미지 손상이 없음) 형식의 그래픽 디자인 소스가 많아서 디자인 작업에 활용할 수 있다. 여행, 음식, 기술, 건강, 음악, 스포츠 등 테마별 이미지 소스와 생일, 결혼식, 부활절, 크리스마스, 핼러윈데이, 밸런타인데이 등 기념일별 이미지까지 카테고리별로 다양한 이미지를 제공하고 있다. 특히 다양한 아이콘이나 텍스처 배경 등은 디자인 작업을 할 때 유용하게 사용할 수 있다. PPT 템플릿으로 활용하여 시각적으로 설득력 있는 프리젠테이션 자료를 만들 수도 있다.

개인적 용도로도 상업적인 용도로도 모두 무료로 사용할 수 있지만, 무료라고 해서 저작권이 없는 것은 아니다. 웹사이트이든 인쇄물이든 이미지 사용 시 반드시 이미지 출처를 표기해야 한다. 해당 이미지 콘텐츠를 재배포하거나 재판매하는 것은 금지되어 있다. 매월 9.99유로의 사용액을 내고 프리미엄 회원으로 가입하면 더 많은 고퀄러티 이미지 소스를 사용할 수 있다.

하지만 브랜드 디자인에 기성 이미지를 사용할 때에는 주의가 필요하다. 이미 완성된 멋지고 훌륭한 이미지들과 디자인 소스들에 현혹되기 쉽지만, 그것은 당신의 브랜드를 위해 맞춤 제작된 것이 아니므로 그대로 사용하는 것은 위험하다. 이런저런 예쁜 이미지에만 이끌려 사용하다 보면 결국 브랜드의 정체성은 무너지고 룩 앤 필 역시 사라지게 된다. 더욱이 로고 템플릿은 브랜드 아이덴티티 구축을 위한 근거나 전략 없이 이미지 디자인 작업만 이루어졌기 때문에 활용하지 않는 것이 좋다.

3

SHOW ME
THE COLOR

컬러로
강렬한 인상을
마음에 새긴다

Show
Me the
Color

좋아하는 데에는 이유가 있다

01

그냥 좋은 것이 제일 좋은 것이다. 연애할 때 자주 주고받는 대화가 있다. 여자가 남자에게 "내가 왜 좋은데?" 하고 물으면 남자는 "그냥 좋아" 하고 답한다. 기다렸던 대답을 듣고 난 여자의 입꼬리가 살짝 올라간다. 어떤 이유나 조건들이 사라지면 좋아하는 마음이 사라진다. 이유 없이 무조건 좋은 것이 최상이 아닐까. 하지만 어느 날 갑자기 아무 이유 없이 사랑이 식었다며 이별을 통보받으면 답답한 마음을 달래기 어려울 것이다.

사실 모든 좋은 것에는 이유가 있다. 아주 사소한 것이라도, 꼭꼭 숨겨진, 말로 설명하기 어렵지만 상대를 반응시키는 그 무엇이 바로 이유다. 브랜드도 이런 연애 상대와 같다. 고객의 충성도는 결국 브랜드에 대한 사랑과 지지를 의미한다. 사랑받는 브랜드를 만들고 싶

Show Me The Color **컬러로 강렬한 인상을 마음에 새긴다**

105

다면 이러한 이유를 전략적으로 설계해서 상대가 눈치채지 못하고 '그냥 좋다'라고 대답하게끔 해야 한다.

브랜드 컬러 역시 상대 모르게 마음을 움직이게 하는 마법 같은 힘을 가지고 있다. 나는 몇 년 전 이케아(Ikea)에 열광했다가 조금씩 무인양품(無印良品)의 매력에 빠져들고 있다. 스웨덴에서 탄생한 이케아와 일본에서 탄생한 무인양품은 둘 다 실용성과 가성비를 기본으로 하지만 디자인 철학이 조금 다르다. 전 세계인의 마음을 사로잡고 있는 이 두 브랜드가 얼마나 치밀한 전략과 세심한 디자인으로 만들어졌는지를 살펴보는 것은 당신의 브랜드를 다시 재검토하는 데 큰 도움이 될 것이다.

이케아의 컬러가 밝혀주는 북유럽의 기나긴 겨울밤

북유럽의 겨울은 해가 짧다. 아침 9시에 해가 뜨고 오후 2시면 해가 진다. 일조량이 부족한 사람들은 에너지가 필요하다. 컬러는 빛으로부터 왔고 그것은 그들에게 또 다른 에너지원이 될 수 있다. 기능과 경제성에 우선순위를 두고 있는 스칸디나비안 디자인(Scandinavian design, 북유럽 디자인)의 핵심은 빛과 컬러다. 다양한 디자인 요소를 활용해 공간의 빛을 최대화시킨다. 명도가 높은 페일(pale) 톤의 컬러와 자연 소재, 날씬하고 다리가 긴 가구는 긴 겨울에 대응하는 똑똑하고 실용적인 디자인 요소들이다.

1943년 스웨덴에서 탄생한 가구 회사 이케아는 이제 전 세계에 진출하여 스칸디나비안 디자인의 매력을 알리고 있다. 세계 최대 가구 잡화 브랜드 이케아의 성공 비밀은 모두를 위한 디자인(democratic design)에 있다. 그리고 이것은 모양, 기능, 품질, 지속가능성, 저렴한 가격의 5가지 요소로 이루어진다. 이 다섯 항목이 균형 있게 어우러졌을 때 비로소 데모크래틱 디자인이 완성된다.

이케아 제품의 가격은 판매 수량 증대와 함께 내려가고, 이케아의 시장 확대와 지속적인 성장은 더 많은 제품을 생산하게 하였으며, 이에 따른 대량 생산은 원가 절감을 통해 누구도 따라올 수 없는 가격 경쟁력을 갖추게 하였다. 무엇보다 이케아는 이러한 저렴한 가격을 기본으로 더 많은 사람이 더 나은 생활을 누릴 수 있는 디자인을 창조해낸다. 그래서 사람들은 밝고 즐거운 에너지를 내뿜는 이케아의 컬러를 사랑한다.

이케아는 단순히 제품만을 판매하는 것이 아니라 고객들이 그들의 공간을 좀더 나은 공간으로 연출할 수 있도록 컬러 코디네이션 아이디어를 제공한다. 컬러 조합을 통해 공간을 넓어 보이게 하는 방법, 자연 소재와 컬러로 공간을 꾸미는 방법, 밋밋한 공간에 컬러로 포인트를 주는 방법 등을 제공한다.

그들은 제품 위주가 아닌 사용자 관점에서 어떻게 제품을 활용해 그들의 행복하고 편안한 삶을 도와줄 수 있는지를 세심하게 고민한다. 지친 일과를 마치고 집으로 돌아와 이케아가 전하는 공간에서 건강하고 긍정적인 에너지를 충전하고 완전한 휴식을 취할 수 있도록

●● 컬러는 에너지다. 우리는 컬러를 보는 것만으로도 에너지를 충전할 수 있다.

힘쓴다. 주말이면 온 가족이 먼 길을 달려 이케아로 찾아가게 하는 힘에는 컬러 전략이 숨어 있다.

무인양품이 선사하는
꾸미지 않은 자연의 컬러

복잡한 도심에서 단순한 디자인을 선보이는 무인양품은 조금씩 우리 일상에 스며들어 강력한 브랜드파워를 구축했다. 패션의 유행이 돌고 돌 듯이 컬러에 대한 사람들의 취향도 돌고 돈다. 한동안 형형색색 컬러의 매력에 빠져들었던 사람들은 어느새 차분하고 자연스러운 컬러를 찾기 시작했다.

몇 년 전부터 화두가 된 미니멀 라이프(minimal life)는 물건과 소유욕에 대한 우리 인식을 바꾸어놓았다. 미니멀 라이프는 절제미와 간결한 여백의 미를 중요시하는 일본의 젠(zen) 스타일과도 연관이 있다. 서양의 미니멀리즘과는 조금 다르다.

서양의 미니멀 디자인이 화이트나 블랙 등 무채색의 심플한 배색과 장식 없고 반듯한 디자인의 가구 연출을 통해 깔끔하지만 인공적인 인상을 준다면, 동양의 젠 스타일 디자인은 나무, 돌, 창호지 등 자연 소재 컬러와 형태를 그대로 살린 가구로 편안하고 따뜻한 인상을 준다. 전통적인 일본 스타일의 집은 간격, 즉 공간과 사물 사이 공간의 균형에 근간을 두고 있다. 그래서 이러한 요소들은 사용자에게 편안함과 여유로움을 주는 공간을 만드는 데 중요한 기조가 된다.

일본 전통문화 뿌리 속에서 1980년에 탄생한 무인양품은 화려함을 배제하고 간소함을 추구하며 소재에서 새로운 가치를 찾는 미의식을 기반으로 하고 있다. 글로벌 브랜드로서 전 세계로 뻗어나가며 단순한 생활(compact life)과 세심한 배려(micro consideration)의 메시지를 전하고 있다. 단순한 생활은 수납을 통해 정돈된 생활과 군더더기 없고 실용성 높은 제품 디자인을 통해 심플하고 쾌적한 생활을 추구한다. 좋다기보다 충분하다는 절제심이 만들어내는 제품들이 무인양품의 미학을 대변해주고 있다.

무인양품의 컬러 또한 브랜드 콘셉트에 걸맞게 간결하고 단순하다. 무엇인가를 열심히 꾸미기 위해 컬러를 더하기보다 자연의 소박한 컬러를 있는 그대로 공간에 담는다. 나무 소재로 만들어진 가구, 하얀 순면의 침구, 재생지로 만들어진 문구가 조심스레 다가와 조용히 말을 걸어온다. 작은 배려와 섬세한 시선으로 사용자를 지속적으로 관찰하여 끊임없는 개선을 통해 제품의 품질을 향상시켜나간다. 일본인 특유의 장인정신이 브랜드에 잘 반영되어 있다.

브랜드는 고객의 충성도를 기반으로 성장하고 또 유지된다. 이 충성도는 호감에서 시작된다. 아무리 세련된 디자인과 대단한 철학을 가지고 있다 해도 고객의 마음을 얻을 수 없다면 브랜드의 존재 가치는 희미해진다. 고객의 마음을 헤아리고, 그들의 사소한 습관까지 관찰하여 그들이 하는 말보다 하지 않는 말이 무엇인지 알 수 있어야 한다. 모든 질문이 당신의 관점이 아닌, 고객의 관점에서 시작될 때 당

●● 자연에서 온 컬러는 일상에 지친 몸과 마음에 휴식을 선사해준다.

신은 그들이 원하는 답을 줄 수 있다.

　컬러도 마찬가지다. 지루하고 무료한 생활에 활력이 필요할 때는 밝고 활기찬 비비드 컬러가 필요하다. 바쁘고 시끄러운 일상에 피로감을 느꼈을 때는 차분하고 고요한 뉴트럴 컬러가 도움이 된다. 당신의 브랜드가 이러한 세심한 배려를 충분히 담고 있을 때 어느 날 당신의 고객들은 "그냥 좋다"라고 말할 것이다.

사람들을 모으는 컬러

02

축제가 시작되었다. 사람들이 몰려들기 시작한다. 일상의 스트레스를 날려버리고 마음껏 그 시간을 즐긴다. 축제는 언제나 사람들을 불러 모으고, 흥분시키고, 행복하게 만드는 특별한 컬러가 있다.

2월 초 시작되는 일본의 '삿포로 눈 축제'는 온통 하얀 눈으로 뒤덮인 동화 같은 풍경에 15미터가 넘는 대형 눈 조각들이 장관을 이루는 세계 3대 축제 중 하나다. 영화 〈러브 레터〉에서 "오겡끼데스까?"를 외쳤던 여자 주인공 때문에 더 유명해진 삿포로는 겨울에 더 아름다운 도시다.

8월 마지막 주, 스페인 발렌시아 주의 작은 마을 부뇰(Buñol)에서 매년 열리는 '라 토마티나(La tomatina)'는 전 세계 3만 명이 모여 빨간 토마토를 던지는 축제다. 축제가 시작되면 푸에블로 광장 주변은 온통 빨간 토마토 빛깔로 물들고 사람들은 온몸에 토마토를 뒤집어쓴 채 축제를 즐긴다.

3월 17일 아일랜드에서는 성인 패트릭을 기리는 기독교의 축일 중 하나인 '성 페트릭 데이(St. Patrick's Day)' 축제가 열린다. 축제의 테마 컬러는 그린으로 강물에 그린 물감을 풀고 페트릭 성인을 상징하는 그린 컬러의 옷과 장신구 그리고 토끼풀 문양으로 치장하고 축제를 즐긴다.

매년 2~3월 사이에 인도 전역에서는 봄맞이 축제인 '홀리(Holi) 축제'가 열린다. 1주에서 2주간 계속되는 이 축제는 거리에서 형형색색의 컬러 물감이나 가루를 서로의 얼굴과 몸에 문지르거나 뿌리면서 즐기는 축제로 색채의 축제(festival of colours)로도 불린다. 또 힌두교의 영웅신 크리슈나(Krishna)와 그의 연인 라다(Radha)를 기리는 축제이기도 해서 사랑의 축제(festival of love)로도 불린다. 홀리의 색채 축제는 크리슈나와 라다가 얼굴과 몸에 색깔을 칠하고 놀았던 것에서 유래했는데 인도인들은 홀리를 통해 몸과 마음을 정화하고 새로운 계절 봄을 맞이한다.

지칠 줄 모르는 컬러풀한 마라톤, 컬러런

컬러는 에너지다. 다채로운 컬러는 흥분지수를 높이고 사람들을 움직이게 한다. 형형색색의 컬러 파우더로 사람들을 달리게 하는 마

● ○ 온몸으로 만끽하는 다채로운 컬러는 축제의 분위기를 고조시킨다.

라톤 컬러런(The Color Run)은 전 세계 35개 이상 국가에서 500만 명이 넘는 사람들이 함께 즐기는 세계적인 축제다.

인도의 홀리 축제와 유사한 이 축제는 2012년 미국에서 처음 소개되어 6회째를 맞이하는 '페인트 레이스 이벤트'다. 흰색 옷을 입고 총 5킬로미터를 달리며 1킬로미터마다 준비된 컬러 파우더를 맞게 되면 온몸이 형형색색의 파우더로 물든다. 컬러 파우더는 옥수수가루와 식용 색소로 만들어져 인체에 무해하다. 참가비 45,000원을 내면 참가 신청을 하는 모든 이들에게는 티셔츠와 메달, 선글라스, 타투 스티커, 파우더 1팩 등이 증정되고 밤에는 맥주 파티가 이어진다.

사람들을 불러 모으는 감성, 핑크뮬리

아직 가을이 한창인 계절, 이제 사람들은 단풍구경 대신 '인생 사진'을 남겨줄 핑크뮬리를 찾아 전국으로 떠난다. 핑크뮬리 4대 성지라 불리는 경기도 양주 나리공원, 부산 대저 생태공원, 구미 낙동강 체육공원, 경주 첨성대 주변은 전국에서 몰려든 사람들로 북적여 발 디딜 틈이 없다. 경기도 양주 나리 공원은 2017년 3,300제곱미터 정도였던 핑크뮬리를 5배 늘려 2018년에 1만 6,500제곱미터 부지에 심었다. 이렇게 과감한 투자는 확실한 성과를 예상하기 때문이다. 대한민국은 핑크뮬리의 매력에 흠뻑 빠져들었다.

핑크뮬리 그라스(Pink Muhly Grass)는 분홍 쥐꼬리새라고 불리는 억새 중 하나로 북아메리카에 서식하는 외래종이다. 핑크뮬리 그라스는 억새와 비슷하지만 몽환적인 분위기와 로맨틱한 감성을 자극하는 핑크 컬러다. 작은 꽃잎처럼 하늘하늘하게 바람에 흔들리는 핑크뮬리는 파란 가을 하늘과 어우러져 환상적인 분위기를 만들어낸다.

과거에는 국내에서 볼 수 없었던 핑크뮬리가 4년 전부터 전국 각지로 확대되어 현재는 축구장 면적 15배까지 늘어났다. 일각에서는 이 외래종이 생태계 교란을 일으킬 수 있다는 우려가 제기되고 있지만 당분간 핑크뮬리의 인기는 사그라들 것 같지 않다. 감성을 자극하는 컬러는 사람들을 모이게 하는 힘을 가지고 있다.

볼거리 즐길거리가 있는 곳에 사람들이 모인다. 영화를 보러, 미술 작품을 보러, 자연의 풍경을 보고 즐기기 위해 사람들이 모인다.

가장 인스타그래머블한 인생샷으로 남는 핑크뮬리는 어느새 유명세를 타고 소셜 미디어까지
점령하고 있다.

그리고 사람들의 시선이 머무는 모든 곳에 컬러가 있다. 컬러는 광학에서 시작되었지만 공식으로는 설명하기 어려운 마법 같은 힘을 지니고 있다. 당신이 컬러를 이해하고 컬러를 활용할 수 있다면 사람들의 마음을 움직이고 그들의 행동을 변화시킬 수 있다.

컬러런과 핑크뮬리가 그러하듯 당신이 어떤 컬러를 사용하는가에 따라 사람들이 몰려들 수도 있고 떠나갈 수도 있다. 특별한 행사나 모임들이 컬러로 결속력을 다지듯이 컬러는 사람들을 결속시키는 놀라운 힘을 가지고 있다. 사람들의 관심을 집중시키고 사람들을 불러 모을 수 있는 그 비법을 터득한다면 당신은 조금 더 당신의 목표와 꿈에 가까이 다가설 수 있을 것이다.

사랑은 어떤 컬러라고 할 수 있을까? 아마 사람들에게 하트 모양
이 그려진 종이에 색을 칠해보라고 한다면 대부분 레드나 핑크로 칠
할 것이다. 하지만 누군가는 오색 빛깔로, 혹은 블루로, 혹은 화이트
로 표현할지도 모른다. 누구든 자신이 느끼는 감정을 컬러에 담아 표
현할 수 있다.

사랑의 컬러는 '사랑의 온도'와 관련이 깊다. 레드는 강렬하고 뜨
거운 사랑, 핑크는 아직 수줍은 사랑, 블루는 영원한 사랑, 화이트는
순수한 사랑과 어울린다. 색온도 기준으로 보면 블루가 레드보다 뜨
겁지만, 심리적으로는 레드가 블루보다 더 뜨겁다고 느낀다. 열정적
인 사랑을 전하고 싶을 때 우리는 강렬한 레드 컬러의 하트로 표현
한다.

레드는 하트 형태를 가장 돋보이게 하는 컬러다.

연인들에게는 그 사랑을 표현하는 날이 있다. 바로 사랑을 고백하는 밸런타인데이(Valentine's day)와 사랑의 결실을 맺는 웨딩데이(wedding day)다. 특별한 날에 어울리는 컬러는 따로 있을까?

레드, 뜨거운 사랑을
고백하다

전 세계 사람이 사랑을 고백하는 '밸런타인데이'는 군인을 더 많이 입대시키기 위해 결혼을 금지하던 황제 클라우디우스 2세의 명령을 어기고 군인들의 혼인 성사를 집전했다가 순교한 로마 가톨릭 교회의 성 밸런타인 주교를 기리는 것에서 유래했다. 사랑하는 사람에게 초콜릿을 주는 날이라는 다소 상업적인 밸런타인데이는 1953년 고베의 과자 회사 모로조프(Morozoff)가 하트 모양의 초콜릿을 만들어 프로모션하면서 시작되었다.

비록 상술로 시작된 기념일이지만 그날만큼은 사랑을 고백하거나 서로의 사랑을 다시 한 번 재확인할 수 있는 날로 사람들에게 또 다른 재미와 즐거움을 준다. 가장 호황을 누리는 업계는 역시 초콜릿을 포함한 제과 업계이지만, 다양한 소비가 발생하기 때문에 많은 브랜드가 이 기념일을 위한 특별 프로모션을 준비한다.

밸런타인데이는 고조된 분위기와 함께 사람들의 마음이 들뜨기 때문에 지갑도 조금 느슨해지는 날이다. 연인들은 영화를 보고, 식사를 하고, 디저트를 즐기며 시간을 보내기 때문에 당연히 레스토랑이나 카페는 밸런타인데이 특별 메뉴나 이벤트를 준비해야 한다. 각종 브랜드는 레스토랑이나 카페 혹은 영화관과 협업해 할인 쿠폰을 제공하거나 경품 행사를 기획할 수도 있다. 특별 할인이나 사은품을 활용한 판촉 행사를 진행할 수도 있다.

2018년 2월 14일, 말레이시아 수도 쿠알라룸푸르의 랜드마크 파빌리온 엘리트(Pavilion Elite)에 사랑의 메시지를 전한 강렬한 레드 컬러의 광고가 대형 스크린에 떴다. 덴마크 주얼리 브랜드 판도라(Pandora)가 기획한 밸런타인데이 프로모션 영상으로 사랑하는 사람에게 보내는 메시지와 보내는 사람들의 페이스북 프로필 사진을 차례로 소개해주어 길을 지나가는 사람들의 마음을 들뜨게 한다.

순백에서 다시
시작되는 사랑

결혼을 앞둔 여성의 로망은 화이트 웨딩드레스가 아닐까. 평소에는 입을 일이 없는 순백의 드레스는 특별한 날에만 허락되는 컬러이기도 하고, 모든 빛을 반사하는 화이트가 그날의 주인공인 신부의 얼굴을 화사하게 비춰주기 때문이다.

서양 문화에서 화이트 웨딩드레스가 대중화되기 전까지 신부들은 다양한 컬러의 웨딩드레스를 입었고, 스칸디나비아 지역에서는 블랙 웨딩드레스가 인기였다. 또 동양 문화에서의 전통 혼례 컬러는 레드다. 그런데 언제부터 이 화이트 웨딩드레스가 신부를 상징하는

화이트 웨딩드레스는 결혼식에서 신부에게
만 허락된 특별한 컬러다.

컬러가 되었을까?

화이트 웨딩드레스는 '왕실 결혼식'에서 시작되었다. 1840년 빅토리아 여왕의 결혼식에서 호니턴 레이스(Honiton lace, 꽃이나 잎의 무늬를 떠넣은 레이스)의 화이트 웨딩드레스를 입은 여왕의 모습을 담은 그림이 널리 알려지고, 많은 신부가 여왕을 따라 화이트 웨딩드레스를 입기 시작하면서부터 화이트가 웨딩드레스의 전형적인 컬러가 되었다.

많은 사람이 화이트 웨딩드레스는 순결함과 처녀성을 상징한다고 생각한다. 사실 순수함, 경건함, 충실함을 상징하는 컬러는 블루로 성모 마리아(Virgin Mary)가 입고 있는 블루 드레스에서 유래했다. 하지만 화이트 컬러가 보여주는 완전하고 순수한 이미지는 분명 새로운 사랑을 시작하는 신부에게 가장 잘 어울리는 컬러임에는 틀림없다.

웨딩드레스의 화이트에는 다양한 색조가 있는데, 에그셀(eggshell, 하얀 달걀 껍데기 컬러), 에크루(ecru, 표백하지 않은 린넨이나 실크의 엷은 베이지),

아이보리(ivory, 상아색)가 모두 화이트 웨딩드레스의 컬러다.

화이트 컬러는 신혼부부에게 잘 어울리는 컬러다. 미국 뉴저지에 오픈한 작고 예쁜 화이트 건물인 PCB홈(PCB Home)은 2012년 젊은 부부가 시작한 핸드메이드 홈 데코 브랜드로 신혼부부를 상대로 홈 데코 제품을 판매하는 회사다. 주로 깨끗한 화이트 바탕에 블랙 캘리그라피가 있는 디자인이 특징이다. 굿모닝 핸섬(Good morning, handsome), 굿모닝 뷰티풀(Good morning, beautiful) 같은 메시지가 담긴 베개는 신혼부부 선물로도 좋고 신혼부부가 직접 구매해도 좋을 제품이다.

사랑은 사람의 감성을 자극하는 최고의 소재이자 인생에서 가장 중요한 이슈이기도 하다. 밸런타인데이나 결혼식 같은 특별한 기념일에는 더 철저하고 세심한 마케팅 전략이 필요하다. 그 어느 때보다 마음이 열려 있는 순간, 잘 준비된 마케팅 프로모션은 그들의 마음을 움직여 구매로 연결시킬 수 있다. 이때 사랑을 표현해주는 컬러는 당신이 전하고자 하는 메시지를 효과적으로 전달할 수 있도록 도와줄 것이다.

일 년 중 회색빛 도시가 가장 컬러풀해지는 때는 언제일까? 빨간 옷을 입고 나타나는 산타할아버지와 루돌프 사슴의 빨간 코, 빨간 구세군 자선냄비, 빨간 양말, 빨간 선물 박스, 빨간 장갑, 빨간 머플러 등 무엇이든 빨간색이 가장 예뻐 보이는 날, 바로 12월 25일 크리스마스다. 좀처럼 빨간색을 좋아하지 않는 사람이라고 할지라도 크리스마스의 레드를 싫어하는 사람은 없을 것이다. 크리스마스는 일 년 중 레드 컬러가 주는 즐거움에 흠뻑 빠져볼 수 있는 특별한 날이다.

크리스마스 컬러 팔레트를 완성하는 또 하나의 컬러는 레드와 보색을 이루는 짙은 파인 그린(pine green)이다. 여기에 하얀 눈이 내려준다면 정말 완벽한 화이트 크리스마스다. 여기저기서 반짝거리는 작은 불빛들은 추운 계절, 따뜻한 감성을 불어넣는다.

● ● 레드는 크리스마스를 만끽할 수 있는 변함없는 진리의 컬러다.

크리스마스 데코레이션은 보통 12월 내내 볼 수 있지만, 요즘은 그 시기가 더 빨라져 11월부터 크리스마스 장식품이나 한정 제품을 판매한다. 연말까지 계속되는 이런 분위기는 새해맞이와 함께 사라진다. 사실 성탄절은 예수님이 탄생하신 날을 기념하는 종교적인 축일이지만 이제는 종교가 없는 사람도 함께하는 축제 같은 기념일이 되었다.

몇 년 전부터 국내에서도 10월 31일이 되면 거리는 짙은 호박색과 블랙 그리고 퍼플이 더해져 따뜻하면서 어둡고 친근한 듯 기괴한 분위기를 연출한다. 바로 유령이나 괴물 복장을 하고 즐기는 핼러윈데이 때문이다.

핼러윈은 본래 한 해의 마지막 날에 음식을 마련해 죽음의 신에게 제의를 올림으로써 죽은 이들의 혼을 달래고 악령을 내쫓았다는 켈트인의 전통 축제 삼하인(Samhain)에서 유래했다. 악령들이 해를 끼칠까 봐 사람들이 자신을 같은 악령으로 착각하도록 기괴한 모습으로 꾸미는 풍습에서 지금의 핼러윈 분장이 시작되었다. 큰 호박에 눈, 코, 입을 파서 잭 오 랜턴(Jack-O-Lantern)을 만들고, 검은 고양이나 거미 등으로 실내를 장식한다. 사실 한국에서는 미국처럼 이웃집에 사탕과 초콜릿을 얻으러 다니는 아이들의 축제라기보다 기괴한 핼러윈 분장을 즐기는 젊은 세대들의 축제가 된 듯하다.

크리스마스와 핼러윈데이는 모두 서양에서 시작된 기념일이지만 이제는 국내에서도 그냥 지나갈 수 없는 날이 되었다. 이러한 기념일은 특수 시즌으로 소비가 증대된다. 비록 한정판 제품을 만들지 않는

● ● 펌킨(pumpkin), 블랙, 퍼플, 몬스터 그린(monster green), 블러드 레드(blood red) 등을 조합하면
완벽한 핼러윈데이 컬러 팔레트가 완성된다.

다고 할지라도 매장 데코레이션이나 특별 프로모션을 통해 분위기를
연출하고 구매가 일어나도록 적극 준비해야 한다.

가장 기본적인 데코레이션 가이드는 역시 컬러다. 컬러를 잘 활용
하는 것만으로도 그날의 특별한 분위기를 만들 수 있다. 레드, 파인
그린, 스노 화이트, 반짝거리는 조명이나 금속 소재의 컬러는 모두 크
리스마스 분위기를 한껏 연출하는 데 도움이 된다.

뻔한 컬러 대신
색다르게!

레드는 가장 크리스마스다운 컬러임에 틀림없다. 하지만 매번 새
로운 이미지를 만들어내야 하는 브랜드의 입장에서는 매년 똑같은
레드 컬러로 크리스마스 프로모션을 진행할 수는 없다. 그래서 레드
가 아닌 크리스마스 분위기를 물씬 풍기는 또 다른 컬러를 고민하게
된다. 때로는 핑크 크리스마스가 되기도 하고 실버 크리스마스, 골드
크리스마스가 되기도 한다.

현재 국내에서 가장 핫한 브리티시 향수 브랜드 조 말론 런던
(Jo Malone London)은 2018년 크리스마스 컬렉션 올 댓 스파클스(All that
sparkles, 빛나는 모든 것)를 선보였다. 마치 꿈꾸듯 몽환적인 분위기를 연
출하는 이 컬러는 조 말론의 향수에 취할 것만 같은 기분이 든다. 이
환상적인 컬러는 조 말론의 심플하고 모던한 컬러와 어우러져 조 말
론만의 세련되고 감각적인 크리스마스 컬러 팔레트를 완성했다.

조 말론의 크리스마스는 보석 오팔
(opal)처럼 오묘하고 신비한 컬러로 투
명하고 빛나는 크리스마스 오너먼트 볼
(ornament ball)로 가득하다.

발광성을 갖는 형광 그린 컬러는 기괴
한 괴물을 연상시켜 핼러윈데이의 재미
와 즐거움을 더해준다.

2018년 겨울, 새롭게 출시된 화이트 모스 앤 스노드롭(White Moss and Snowdrop) 향은 새하얀 눈송이 속으로 보이는 반짝이는 눈꽃과 햇살에 반사되는 눈의 찬란한 빛, 눈꽃의 영롱한 빛깔을 향으로 담아냈다.

할러윈데이에는 아이들이 괴물이나 유령 분장을 하고 "과자를 안 주면 장난칠 거야(Trick or treat)"를 외치며 이웃집에 사탕과 초콜릿을 얻으러 다닌다. 그러다 보니 할러윈데이에 가장 바쁜 회사는 바로 사탕과 초콜릿 회사다. 그 치열한 경쟁만큼 매년 기발하고 재미있는 아이디어 상품이 새롭게 등장한다. 그중 단연 돋보이는 아이디어로 아이들뿐 아니라 어른들에게도 인기 만점인 브랜드가 리세스 피넛 버터 컵(Reese's Peanut Butter Cups)은 밀크 초콜릿 컵 속에 피넛 버터로 채워진 초콜릿이다. 미국 허쉬(Hershey)의 리세스 초콜릿이 할러윈데이에 선보인 글로 인 더 다크(glow-in-the-dark)는 캔디 포장지에 야광 그린 컬러로 로고가 새겨져 있다. 하얀 눈알에 붉고 검은 눈동자가 새겨져 있는 눈알 모양 초콜릿도 있다. 이 끔찍한 초콜릿은 할러윈데이가 아니면 먹기 어려운 감성이다.

크리스마스 레드와 할러윈데이의 펌킨 컬러는 불변의 법칙이다. 2010년 12월, 스위스로 겨울 여행을 떠났을 때 취리히 공항에서 파란 산타를 만났다. 매번 크리스마스마다 똑같은 레드 컬러의 옷을 입는 산타가 지겨웠던 담당자가 블루 컬러의 옷으로 변경했을 것이다. 아이스박스처럼 파란 옷을 입고 있었던 산타는 분명 색달라 보였지만 그만큼 낯설었고 친근함도 따뜻함도 느껴지지 않았다.

취리히 기차역에 주얼리 브랜드 스와로브스키(Swarovski)가 투명한 얼음 조각 같은 크리스털로 만든 대형 트리는 내가 본 크리스마스트리 중 가장 아름다웠고, 크리스마스 마켓에서 마셨던 빨간색 뱅쇼(Vin Chaud, 끓인 와인)는 크리스마스 기분을 한껏 낼 수 있는 음료였다.

크리스마스에는 크리스마스를 위한 컬러가 필요하다. 갑자기 핼러윈데이의 잭 오 랜턴의 호박색을 그린 컬러로 바꾼다면 분명 사람들로부터 외면당할 것이다. 독특하고 새로운 아이디어는 지켜야 할 것은 지키고 바꿀 수 있는 것은 바꾸는 데에서 나온다.

당신이 얼마만큼 관심을 두고 활용하는가에 따라 컬러는 가장 다루기 쉬운 디자인 요소일 수도 있고, 가장 다루기 어려운 문젯거리가 될 수도 있다. 가장 좋은 해결의 실마리는 소비자가 가지고 있다. 당신의 타깃 고객을 관찰하고 긴밀하게 그들과 소통할 때, 그들은 기꺼이 당신이 원하는 답을 알려줄 것이다.

이제 사람들은 서서히 페이스북에서 인스타그램으로 옮겨가고 있다. 신조어 인스타그래머블(instagrammable, 인스타그램에 올릴 만한 사진)이 생겨나고, 엄청난 영향력을 행사하는 파워 인스타그래머(instagrammer)가 탄생하고 있다. 이에 모든 브랜드는 인스타그램 계정을 만들어 운영하며 팔로워를 늘려가고 있다. 이 팔로워 숫자와 '좋아요' 개수는 현재 브랜드가 얼마나 트렌디하며 얼마나 대중의 인기를 얻고 있는지 가늠해볼 수 있는 하나의 척도가 되었다.

2010년부터 서비스를 시작한 인스타그램은 인스턴트(instant)와 텔레그램(telegram)의 합성어로 사진과 동영상을 공유하는 소셜 미디어다. 인스타그램의 가장 큰 특징은 비주얼커뮤니케이션이다. 감성과 이야기가 담긴 사진만으로도 텍스트 없이 전 세계 사람들과 소통할 수 있다. 시선을 사로잡은 강렬한 이미지는 사진을 올리는 도중에 이미 '좋아요'를 받는다. 그저 단 한 장의 사진으로 언어도 통하지 않는 지구 반대편 누군가로부터 빛의 속도로 반응이 온다. 인스타그램은 커뮤니케이션의 패러다임을 완전히 바꾸어놓았다. '한 장의 사진'이 '여러 마디 말'보다 더 많은 이야기를 전하고, '감성을 담고 있는 컬러'는 말보다 빠르게 사람들의 마음속으로 파고든다.

감성을 자극하는 여행지의 컬러들

누구에게나 익숙함은 일상이 되고 낯선 환경은 잠깐의 일탈과 로맨틱한 모험을 선사한다. 인스타그램에서 인기 있는 피드 테마 중 하나는 여행이다. 낯선 도시로의 여행은 언제나 모든 이에게 설렘과 기대감을 안겨준다. 전 세계의 크고 작은 도시가 만들어내는 독특한 지역색은 그 지역만의 기후와 풍토에 의해 생겨난 자연 소재의 컬러를 반영하고 있다. 파리와 런던의 도시 컬러가 다르고, 교토와 베이징의 컬러가 다르다. 각각의 도시는 그 도시만이 갖는 독특한 도시 색채로 개성 있는 풍경을 만들어낸다.

인스타그램에서 가장 드라마틱하고 가장 로맨틱하며 무엇보다 가장 인스타그래머블한 그래서 이보다 더 감성적일 수는 없는 감성의 끝을 보여주는 인스타그래머는 바로 러시아의 사진작가 무라드 오스만(Murad Osmann)이다. 게시물 494개에 팔로워 약 431만 명을 보

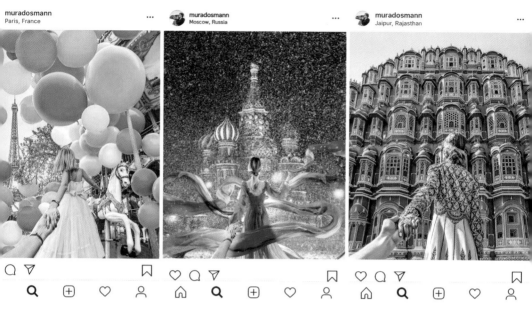

● ◦   인스타그래머블한 피드를 만들고 싶다면 컬러부터 고민해야 한다.

유하고 있는 무라드는 이제 전 세계인의 유명 스타가 되었다.

　무엇보다 그를 유명하게 만든 것은 팔로우 미 투(Follow me to) 시리즈로, 전 세계 여행지를 배경으로 무라드의 손을 잡고 있는 여자 친구의 뒷모습을 모두 똑같은 포즈로 찍은 것이다. 각 도시가 가지고 있는 독특한 색채와 그에 어울리는 여자 친구의 의상은 환상적인 조화를 이루고 있는데, 특히 남자 친구의 손을 꼭 잡고 있는 포즈는 보는 사람의 마음을 설레게 하기에 충분하다. 어딘가로 향하는 여자 친구의 뒷모습이 보는 사람의 시선을 여행지로 향하게 하여 더욱 흥분지수를 높여준다.

핑크 드레스에 수십 개의 풍선을 들고 있는 뒷모습 사이로 저 멀리 에펠 타워가 보이는 사진, 레드 드레스를 입고 모스크바의 바실리 성당으로 향하는 사진, 화려한 인도풍 패턴의 드레스를 입고 인도 자이푸르(Jaipur)의 핑크 시티에 도착한 사진 등 그들의 여행 스토리 속 다양한 색채는 끊임없는 호기심과 기대감을 준다.

질리지 않는 끝없는 스토리텔링과 오레오 컬러

기본적으로 인스타그래머블한 사진은 대부분 감성을 자극하는 컷들이다. 영화나 드라마의 한 장면처럼 로맨틱하거나 드라마틱하고, 무엇보다 현실감 없는 사진이 더 많은 호응을 얻는다. 사람이든 사물이든 필터를 사용해 더 예뻐 보여야 인스타그램에 어울리는 피드를 완성할 수 있다. 인스타그램은 화려하고 스타일리시한 패션이나 뷰티 브랜드에 최적화된 플랫폼이다. 상위에 랭크하고 있는 톱 인스타그램 계정 역시 대부분 명품이나 유명 연예인이 많다.

우리 브랜드가 식품이나 생활용품이라면 어떻게 해야 할까? 감성을 자극하는 '뽀샤시한' 인스타그램 필터가 안 어울리는 우리 제품을 대체 어떻게 인스타그램에서 홍보할 수 있을까? 1912년에 출시되어 100년 넘게 남녀노소 상관없이 전 세계인에게 사랑받는 초콜릿 샌드위치 쿠키 오레오(Oreo)는 우리의 궁금증에 대한 답을 준다. 오레오의 인스타그램 계정은 현재 약 696개의 피드의 히스토리를 가지고 있고,

팔로워 약 250만 명에 피드당 '좋아요'는 보통 5,000~9,000개 정도다.

2013년 2월에 시작한 오레오 인스타그램은 초창기에 좀처럼 브랜드 아이덴티티나 스토리는 전달되지 않는 엉뚱한 피드로 가득했다. 2013년 6월, 처음으로 오레오 과자 하나를 들고 하트 손 모양을 한 인스타그래머블한 사진이 등장했다. 이후 오레오 과자로 만든 오레오 아이스크림, 오레오 케이크 등을 소개하며 조금씩 자리를 잡아갔다. 그리고 2018년 1월 1일, 도심 하늘 위에 달처럼 떠 있는 하얀 크림의 오레오 쿠키 한 개가 우유 속으로 퐁당 빠지면서 "해피 뉴 이어"를 외치는 일러스트 동영상이 등장하며 오레오 피드가 한층 업그레이드되었다.

이후 올라오는 피드들은 브랜드 아이덴티티를 유지하기 위해 오레오의 시그니처 컬러인 블루, 화이트, 블랙 컬러를 사용하기 시작했다. 현재는 오레오를 주인공으로 한 짧은 일러스트 동영상을 업데이트하고 있는데 오레오를 이용해 만드는 케이크 레시피, 핼러윈데이를 위한 오레오 거미 만들기, 오레오 블루 컬러로 만들어진 스웨터 등 짧지만 재미있는 이야기로 가득하다. 무엇보다 오레오만이 할 수 있는 이야기들, 오레오다운 이미지로 사람들의 관심과 흥미를 끌어모으고 있다.

인스타그램의 핵심은 감성, 스타일, 스토리다. 언어 없이도 사람들의 감성을 자극할 수 있는 공통된 코드를 찾아내고, 자신만의 스타일로 표현한다. 이때 사람들이 궁금해하고 흥미로워하며 기억할 만한 이야기를 담고 있어야 한다. 물론 여기에서도 타깃팅이 필요하다. 모든 사람을 위한 모든 사람이 좋아하는 피드는 없다. 자신이 속해 있는 분야에서 유사한 관심사를 가지고 있는 사람들을 타깃으로 한 피드를 제작하고 해시 태그를 달아 홍보해야 한다.

처음부터 완벽한 답을 찾고 시작한다기보다 오레오처럼 꾸준하게 계정을 운영하면서 좀더 나은 방법을 찾아가며 안정화하는 것을 목표로 하는 것이 좋다. 그리고 개인이건 브랜드이건 자신만의 색채를 가지고 커뮤니케이션한다면 좀더 사람들의 관심을 끌고 감성을 자극하는 데 도움이 될 것이다.

CHAPTER 3

핀터레스트

보드에 사진을 고정할 때 사용하는 핀(pin)과 관심사를 의미하는 인터레스트 (interest)의 합성어로 만들어진 핀터레스트(Pinterest)는 관심 있는 이미지를 모으고 공유하며 소통하는 이미지 소셜 플랫폼이다.

자신이 좋아하는 이미지들을 카테고리별로 분류해서 볼 수 있고, 선택한 이미지와 유사한 이미지들을 추천해주는 비주얼 큐레이션 서비스를 통해 자신만의 이미지 아카이브를 구축할 수도 있다. 기본적으로 텍스트보다 이미지로 소통하는 소셜 미디어로, 언어와 상관없이 전 세계 친구들과 비주얼 언어로 소통할 수 있다는 것도 핀터레스트의 매력이다. 상세보기에서 링크를 클릭하면 더 자세한 정보를 제공하는 사이트나 해당 제품을 구매할 수 있는 온라인 쇼핑몰로 연결된다.

계절별 패션, 헤어스타일, 네일아트, 인테리어, 포장 등 일상에서도 유용한 아이디어를 많이 얻을 수 있고 또 빠르게 업데이트되는 이미지들을 통해 최신의 이미지 트렌드를 읽을 수도 있고, 핀 개수를 통해 사람들의 선호도를 알 수 있다. 무엇보다 전세계의 뛰어난 디자인 제품, 기발하고 독특한 아이디어, 아름다운 자연의 풍경을 고퀄러티의 이미지 소스로 제공하기 때문에 새로운 영감을 얻고 컬러 감각을 키우는 데 도움이 된다. 특히 새, 나비, 꽃 등은 화려하고 다양한 컬러를 가지고 있기 때문에 아름답고 조화로운 컬러 조합을 참고할 수 있다. 당연히 모든 이미지는 저작권이 있기 때문에 무단으로 사용할 수 없지만, 맘에 드는 이미지를 얼마든지 내 보드에 담아 볼 수 있기 때문에 영감을 얻고 새로운 아이디어를 내는 데 도움이 된다.

4

CREATE SYNERGY

컬러에 감각과
요소를 더해
효과를 높인다

Create
Synergy

오감을 자극하는 컬러

01

2017년 여름, 파리에서 한 달 살기를 해보기로 정하고 파리행 항공권을 끊었다. 여행을 떠나기 전 3개월 내내 에펠탑 사진을 보며 파리의 낭만을 꿈꾸었다. 3개월 후, 파리에서의 한 달 살기가 시작되었다. 가장 먼저 나의 로망이었던 에펠탑을 보기 위해 집을 나섰다.

트로카데로 역에서 내려 사이요궁을 향해 계단을 오르자 눈앞에 갑자기 나타난 에펠탑은 내 온몸의 감각 스위치를 켰다. 수많은 사람의 웅성거림과 끊임없이 터지는 카메라 셔터 소리, 변덕스런 날씨만큼 시시각각 변화하는 하늘의 풍경에 따라 다르게 보였던 에펠 타워와 피부로 느껴졌던 그곳의 특별한 에너지는 세상에서 가장 로맨틱한 도시가 파리임에 틀림없다는 것을 믿게 했다.

직접 체험의 기회를 제공하는 공간은 사람의 모든 감각을 자극한

● ● 듣고 보고 만져보고 우리의 모든 감각이 다 반응하는 그 순간 우리는 그것을 믿게 된다.

다. 그리고 공간 컬러는 사람의 심리를 지배한다. 금속, 플라스틱, 콘크리트 같은 소재들은 현대적이면서 차가운 느낌을 주고, 우드나 석재 같은 자연 소재 컬러로 만들어진 공간은 편안함과 안도감을 느끼게 한다. 선명하고 다채로운 컬러로 둘러싸인 공간은 사람들의 심리를 고조시킨다.

호화로운 컬러로 장식된
최고급 백화점

다이아몬드는 가장 반짝거리고 빛나는 보석이다. 빛나는 것은 아름다운 만큼 비싼 가격이 매겨진다. 일반적으로 다이아몬드는 컬러, 투명도, 무게(carot), 연마(cut)의 4가지 기준에 의해 그 가치가 결정된다. 화이트 다이아몬드는 무색에 가까울수록 빛이 잘 투과되어 찬란한 무지갯빛을 발할 수 있기 때문에 더 가치가 높게 평가되는데 무색에 가까운 것은 DIAMOND의 'D'를 따서 표기하고 짙은 색 다이아몬드는 팬시(fancy) 다이아몬드라고 별도 평가한다. 브릴리언트 컷(brilliant cut)은 보석을 가장 빛나게 깎는 가공 방법인데, 이 방법으로 연마하면 다이아몬드에 백색광이 들어가 파장에 따라 굴절이 달리 일어나서 다시 표면에 분산될 때 무지개색이 나타난다.

다이아몬드처럼 반짝반짝하고 호화로워서 파리를 방문하는 관광객이라면 누구나 한 번쯤 들르게 되는 유명 관광지가 있다. 바로 갤러리 라파예트(Galeries Lafayette)로 파리에서 가장 화려한 백화점이다.

백화점 내부는 온종일 수많은 사람으로 북적거리기 때문에 조용히 쇼핑을 즐기기는 어렵다. 무엇보다 바닥부터 천장까지 이어지는 금 세공장식과 유리와 강철로 만들어진 돔(dome) 형태의 천장, 아르누보(Art Nouveau, 19세기 말기에서 20세기 초기에 걸쳐 프랑스에서 유행한 건축, 공예, 회화 따위 예술의 새로운 양식) 스타일의 계단 등 라파예트의 인테리어는 베르사이유 궁전(Palace of Versailles)만큼이나 호화롭고 화려하다. 절대 왕정의 상징이었던 베르사이유 궁전이 루이 14세의 절대 권력을 과시하는 각종 장식품으로 꾸며졌던 것처럼, 라파예트 백화점은 부를 과시하는 수많은 명품 브랜드로 채워져 있다. 처음 백화점에 들어서면 펼쳐지는 화려한 인테리어에 압도되어 한참 후에나 쇼핑을 시작할 수 있다. 2층이나 3층으로 올라가면 스타벅스와 몇몇의 카페가 있는데 그곳에서 커피 한잔을 하면 좋다. 마치 공연장 발코니석에 앉아서 공연을 보듯이 그 호화로운 분위기를 조금 더 여유있게 즐길 수 있다.

시간의 손때가
묻어 있는 컬러

파리의 또 다른 별칭은 빛의 도시(Ville lumière)다. 파리는 역사적인 건축물과 아름다운 미술품 그리고 가장 트렌디한 패션과 최고의 음식으로 빛나는 도시다. 파리는 화려한 색과 역사적인 색이 어우러져 파리만의 컬러 팔레트를 만들었다. 그렇게 파리 시내에는 호화로운

화려하게 빛나는 컬러는 설레임과 동경의 마음을 일으킨다.

백화점만큼 역사적인 벼룩시장들이 있다.

파리 3대 벼룩시장은 방브 벼룩시장(Vanves Flea Market), 생투앙 벼룩시장(Saint-Ouen Flea Market), 몽트뢰유 벼룩시장(Montreuil Flea market)인데 그중 방브 벼룩시장은 규모는 작지만 질 좋은 제품이 많아서 가장 인기 있다. 토요일과 일요일 아침 7시에 시작해 오후 2시면 파장하기 때문에 서둘러야 한다.

길게 늘어선 점포는 비록 제대로 된 진열장이나 조명, 그리고 POP도 없고, 제품들은 그저 임시 테이블에 씌워진 천위에 규칙 없이 놓여 있거나 박스에 그대로 담겨 있지만 마치 시간을 탐험하듯 보물찾기를 하듯 물건을 구경하며 고르는 재미가 있다.

투명하게 빛났을 유리잔도, 눈이 부시게 아름다웠을 은(銀) 식기도, 깨끗하고 하얗던 종이책도 모두 손때가 묻고 색이 바랬다. 하지만 세월과 함께 깊어진 색은 마음속 더 깊은 곳으로 파고든다. 무엇보다 완벽한 연색성을 가진 태양광 아래 모든 제품의 컬러는 가장 정직한 모습으로 보이기 때문에 컬러를 오인해 제품을 잘못 선택할 일도 없다. 그렇게 파리지엥의 거짓 없는 일상을 담고 있는 벼룩시장의 컬러는 소박하지만 빛이 난다.

이제 거대한 온라인 쇼핑몰에 맞서서 오프라인 매장들이 살아남는 방법은 고객 체험의 기회를 제공하는 것이다. 오프라인 매장은 상품만 판매하는 곳이 아니라 브랜드를 듣고 보고 온몸으로 체험하는 공간으로 진화해가고 있다.

● ● 자연광 아래에서는 왜곡되지 않은 가장 정확한 제품 컬러를 확인할 수 있다.

공간을 활용하면 고객의 모든 감각을 일으켜 세울 수 있다. 컬러는 오감을 자극할 때 그 전달력과 설득력이 배가된다. 그래서 단순히 눈으로 보는 컬러보다 직접 온몸으로 느낄 수 있는 컬러가 더 마음을 움직이고 기억에 남게 된다. 직접 경험으로 믿는 것이다.

더 맛있어
보이는 컬러

02

눈앞에 놓인 음식들이 다 화이트, 그레이, 블랙의 무채색으로 변했다고 상상해보면 우리는 모두 입맛을 잃을 것이다. 컬러는 우리의 미각을 자극한다. 우리는 컬러를 보고 식재료의 신선도와 숙성도를 파악한다. 우리는 선명한 빨간색의 수박이 더 잘 익었기 때문에 더 달고 맛있을 것이라고 짐작한다. 영양이 부족한 녹색 채소는 노란빛을 띠고 잘 재배된 채소는 선명한 녹색을 띠는 것을 안다. 우리는 소고기를 고를 때에도 선명한 붉은빛을 보고 신선함을 판단한다. 이렇게 일반적으로 식재료는 선명한 컬러, 즉 채도가 높은 컬러일수록 더 신선하고 더 잘 익었다고 생각할 수 있다.

하지만 가공식품들은 제조 과정에서 자르고 열을 가하고 시간이 지남에 따라 공기와 산화되어 본래의 선명한 색을 잃고 칙칙한 색으

● ● 가공식품의 가장 큰 숙제는 더 맛있는 컬러를 만들어내는 것이다.

로 변한다. 그래서 많은 가공식품은 원재료의 컬러를 재현하기 위해 화학 첨가제나 인공 색소를 사용한다.

무수아황산이나 아황산나트륨은 '표백제'의 일종으로 식품의 색을 제거하기 위해 과실주나 말린 과일에 많이 첨가되고, 아질산나트륨 같은 발색제는 식품의 색을 강화하기 위해 주로 햄이나 소시지에 많이 사용된다. 아질산나트륨은 2015년 세계보건기구(WHO)가 1군 발암물질로 분류했지만 1일 섭취허용량인 자신의 체중 kg당 0.07mg 정도를 넘지 않으면 안전하다고 한다. 2018년 초, 식약처는 시중에 판매되는 가공식품에 포함된 표백제와 발색제의 사용 실태를 조사했는데 모두 각각 1일 섭취 허용량을 초과하지 않기 때문에 인체에 무해한 수준이라고 발표했다.

아이들이 좋아하는 딸기우유의 핑크는 코치닐 성분으로 만들어지는데 선인장 기생충인 연지벌레에서 추출한 코치닐 색소는 식품에 붉은색을 내기 위해 많이 사용된다. 하지만 최근 원인불명의 쇼크나 천식, 알레르기성 발진 등의 부작용 사례로 세계보건기구에서는 알레르기 유발 의심 물질로 분류하고 있다.

순수함만을 담은
강렬한 스무디 컬러

까다로운 소비자를 만족시키기 위해서는 화학첨가물 없이 원재료를 그대로 담아내면서 원재료의 컬러를 그대로 살려내는 것이 중요하다. 건강하고 신선한 과일과 채소의 영양과 컬러를 작은 병에 그대로 담아낸 이노센트(Innocent)는 영국의 스무디 브랜드다. 이노센트의 대표격 제품인 슈퍼 스무디(Super Smoothie)는 강렬한 컬러로 독보적인 존재감을 드러내는데, 먹고 싶은 충동을 일으키는 컬러만큼이나 맛도 진하고 풍부하다. 슈퍼 스무디는 6가지 컬러와 맛으로 구성되어 있는데 10가지 정도의 다양한 과일과 각종 비타민이 스무디의 기능과 콘셉트에 맞게 포함되어 있다.

활기를 북돋우는 에너자이즈(Energize)의 '선명한 레드'는 체리, 딸기 등 베리류와 비트로 만들었고, 행복 지수를 올려주는 업리프트(Uplift)의 '보랏빛이 도는 레드'는 블루베리와 블랙커런트를 더해 만들었으며, 달콤함에 단백질을 더한 베리 프로테인(Berry Protein)의 '핑크빛이 도는 레드'는 하얀 콩과 코코넛을 넣어 만들었다. 에너지를 재충전하는 리차지(Recharge)의 진한 오렌지 컬러는 당근과 오렌지를 믹

진하고 선명하지만 여전히
건강함을 유지하는 이노센트
의 컬러 레시피는 본받을 만
하다.

스해서, 기운 나게 하는 인비고레이트(Invigorate)의 그린은 키위, 오이,
말차(抹茶), 스피룰리나(지구에서 가장 오래된 조류로 녹색을 띠는 엽록소와 청색을
띠는 피코사이아닌 색소 성분을 가지고 있음)를 넣어, 이국적인 향과 단백질로
만들어진 트로피컬 프로테인(Tropical Protein)의 옐로는 파인애플과 레
몬, 망고를 섞어서 만들었다.

　아름다운 컬러 스무디만큼 그들의 캠페인 또한 예쁘고 사랑스럽
다. 매년 겨울 이노센트는 '더 이노센트 빅 니트(The Innocent Big Knit)'라
는 니트 모자 기부 캠페인을 진행하고 있는데, 별도의 웹사이트(http://
www.thebigknit.co.uk)를 만들어 운영하고 있을 만큼 브랜드의 중요한
프로젝트다. 기부자들이 이노센트가 제공하는 작은 모자 패턴지를
참조해 니트 모자를 만들어 이노센트에 보낸다. 그러면 이 니트 모
자를 음료수 뚜껑에 씌운 상품이 겨울 시즌 동안 한정 판매된다. 그

리고 한 병이 팔릴 때마다 25페니가 영국의 어려운 노인들을 위해 기부된다. 작은 모자를 만드는 기부자들도, 귀여운 모자를 쓴 스무디를 사는 구매자들도, 한 끼 식사를 함께할 수 있는 노인들에게도 모두 행복한 겨울을 만드는 이노센트의 모자는 작지만 나누는 사랑은 크다.

깊고 진한 맛의
카카오 컬러

원재료의 컬러를 살리고 패키지 컬러를 더하면 효과는 배가된다. 패키지 컬러를 디자인하는 방법은 2가지가 있다. 식재료를 그대로 보여주어 재료 색을 돋보이게 하거나, 불투명한 패키지로 내용물을 가리고 그 재료 색을 디자인에 재현하는 것이다. 과거 탄산음료 세븐업은 내용물 변화 없이 포장에 옐로를 15퍼센트 더했더니 소비자들이 레몬즙이 더 많이 들어가서 맛이 더 좋아졌다고 반응했다.

초콜릿도 마찬가지다. 깊고 진한 카카오 맛을 연상시키는 다크 브라운 컬러는 그 어떤 컬러보다 매혹적이다. 가장 대중적인 밀크 초콜릿은 우유 성분이 14퍼센트 이상, 카카오 함량이 25퍼센트 이상이고, 다크 초콜릿은 우유가 들어가 있지 않고 카카오가 35퍼센트, 카카오버터가 18퍼센트 이상 함유된 것을 말한다. 항산화 효과가 있는 폴리페놀이 카카오 함유량이 높은 다크 초콜릿에 많이 들어 있다는 발표로, 이제 사람들은 더 진한 컬러의 다크 초콜릿을 선호하게 되었다. 초콜릿 전문가들에 의하면 무조건 카카오 함량이 높은 것이 꼭 좋은

● ● 컬러는 주변색의 영향을 받는다. 초콜릿은 진한 초콜릿 컬러의 포장지와 함께 더 진한 맛을 연상시킨다.

것은 아니고 60~65퍼센트가 가장 이상적이라고 한다.

1926년 초콜릿으로 유명한 벨기에에서 탄생한 고디바(Godiva)는 기다델리(Ghirardelli), 노이하우스(Neuhaus)와 함께 세계 3대 초콜릿으로 불리는 명품 초콜릿이다. 초콜릿 안에 크림이나 견과류가 들어 있는 한입 크기의 프랄린(Praline)으로 유명하다.

고디바 초콜릿이 담긴 트레이 컬러는 다크 브라운으로 그 위에 놓인 초콜릿 컬러를 더 진하게 보이게 하여, 패키지 박스의 다크 브라운 컬러 역시 더 깊고 진한 다크 초콜릿 맛을 연상시키며, 어두운 톤의 브라운과 골드 컬러의 조화는 명품 초콜릿의 이미지를 보여준다.

조명이 구매를 촉진하는
컬러의 마법을 일으킨다

식료품점에서 구매를 촉진하는 첫 번째 장치는 쇼핑 카트다. 1993년 이마트 1호점의 카트 용량은 101L이었고, 2001년에는 150L로 커지더니 2003년부터는 일반적으로 180L를 쓴다. 뇌 과학을 통해 소비자들의 소비 심리를 분석하는 뉴로 마케팅(neuro marketing)에 의하면 소비자는 빈 쇼핑 카트를 채우고자 하는 심리가 있기 때문에, 유통업체는 이러한 심리를 이용해 점점 쇼핑 카트의 사이즈를 키워간다고 한다.

식료품은 선명한 컬러일수록 신선하고 잘 익었다는 인상을 주며, 다채로운 컬러는 미각을 자극한다. 매장에 그 식품이 진열되었을 때 컬러에 두 번째 생명력을 불어넣는 것은 조명이다.

각 제품 코너별로 식품의 특징에 따라 조명 컬러는 달라진다. 고기 코너 조명은 가장 신경 써야 한다. 고기의 신선도를 알려주는 선명한 붉은빛을 돋보이게 하면서 하얀 지방에도 집중해 두 컬러의 대비감을 살리는 것이 중요하다. 냉동고기는 얼음 부스러기와 고기의 탁한 붉은빛, 흐릿한 핑크빛, 얼룩덜룩함 때문에 특별한 컬러가 필요한데, 레드와 핑크 조명을 함께 사용해 고기의 신선함이 잘 보존되어 있다는 인상을 전달하면 빠른 구매를 일으킬 수 있다.

생선은 표면이 차가운 광이 나고 살은 붉은빛으로 미각을 자극할 수 있도록 조명 컬러를 조절한다. 그래서 차가운 흰색 조명 아래서 특별한 컬러 온도와 함께 보여주면 신선하다는 인상을 줄 수 있다.

가장 컬러풀한 과일·채소 코너는 만져보고 싶고, 냄새를 맡아보고 싶은 최고의 고객 경험을 강화하기 위해 가장 감각을 자극하는 곳이 되어야 한다. 한낮의 태양빛과 유사한 연색지수가 90 이상의 따뜻하고 밝은 조명을 사용해 풍부한 컬러 질감을 살린다. 빛이 나며 신선해 보이고, 자연스러우면서 강렬한 분위기를 연출한다. 특히 피로 회복에 좋은 클로로필을 함유한 녹색 채소는 매일 섭취해야 하는 채소 중 하나인데 무엇보다 선명한 그린은 채소의 신선도를 말해준다. 그래서 매장에서는 현지에서 수확해 배송된 녹색 채소의 싱싱한 컬러를 유지하기 위해 적절한 온도와 습도를 유지하는 냉장고에 넣어 진열한다.

컬러는 미각에 절대적인 영향을 미친다. 과거부터 현재까지 식품

● ● 식료품은 고유의 색에 따라 더 맛있어 보이는 조명을 선택해야 한다.

회사들은 화학 첨가물에서부터 인공 색소, 천연 색소, 패키지 컬러에 이르기까지 다양한 방법으로 가장 맛있는 컬러를 유지하고 재현하기 위해 노력하고 있다. 특정한 맛을 강조하고 전달하기 위해 컬러를 활용할 수 있다. 핑크는 단맛을, 화이트나 블루는 짠맛을 전해주고, 진한 옐로는 진한 버터 풍미 가득한 맛을, 밝은 옐로나 라임 그린은 신맛을 연상시킨다.

빙그레의 바나나 우유는 7080세대에게 추억의 아이템이다. 최근 건강한 성분으로 만들어진 바나나 우유를 포지셔닝하면서 출시한 매일유업의 '바나나는 원래 하얗다'는 자사 제품을 빙그레의 바나나 우유 컬러와 비교하며 소비자에게 건강한 컬러가 무엇인가를 어필하고 있다.

하지만 매일유업은 그 맛있고 달콤한 바나나의 노란색까지 포기하지는 않았다. 하얀 우유 컬러를 숨기고 있는 불투명한 종이팩은 잘 익은 샛노란 바나나 껍질 컬러로 디자인되었다. 결국 어느 쪽이든 우리의 미각을 좌우하는 컬러를 모른 척할 수는 없었다는 것이다. 당신도 어느 쪽이건 당신의 제품에 '맛있는 컬러'를 담아내는 방법을 선택해야 한다. 인공 색소 혹은 천연 색소 혹은 패키지 컬러, 무엇이든 원재료의 건강하고 맛있는 컬러를 살려내는 것은 식품 브랜드의 가장 중요한 미션이다.

향기가 나는
컬러

누군가가 지나간 자리에 남은 형체 없는 향기가 문득 모든 감각과 기억을 일으켜 세울 때가 있다. 향기에 민감한 나는 이런 경험을 많이 한다. 분명 눈에 보이는 실체는 없지만 무한한 상상력을 자극하는 향기는 그 무엇보다 신비로운 마력을 가지고 있다. 특정한 향기 역시 컬러를 연상시키고 반대로 특정한 컬러도 그와 연관된 향기를 떠올리게 한다. 그래서 이 2가지가 조화를 이루면 어떤 감성이나 메시지를 전달하는 데 효과적이다.

향수의 어원은 '연기를 통한다'라는 의미인 라틴어 'per fumem'로 약 5,000년 전 고대 사람들의 종교의식으로 신과의 교감을 위해 사용된 것에서부터 시작되었다.

향기를 연상시키는
컬러들

향수 매장에 들어서면 수많은 향수가 놓인 진열장 앞에서 한참을 둘러보며 고민하게 된다. 이미 알고 있는 제품이 있다면 그쪽으로 가장 먼저 손이 가겠지만 그게 아니라면 우선 직감적으로 향수병의 디자인에서 연상되는 향을 기준으로 골라 시향을 하게 된다.

기본적으로는 향의 분류에 따라 일반적으로 많이 쓰는 컬러가 있다. 플로럴(floral, 꽃향기 베이스)은 핑크나 옐로, 시트러스(citrus, 감귤향 베이스)는 옐로나 오렌지, 그린(green, 풀향기 베이스)은 그린 계열, 시프레(chypre, 식물성 향과 동물성 향의 조합)는 그린 혹은 옐로, 오리엔탈(oriertal, 동물성 향 베이스)은 골드 옐로나 가넷(garnet), 푸제아(fougere, 꽃향기와 우디향 베이스)는 그린 혹은 블루 컬러를 많이 사용한다. 원료에서 반영되는 컬러도 있지만, 보통은 별도의 색소를 첨가해 향수의 콘셉트에 어울리는 컬러를 만든다.

또 부향률(향과 알코올 비율) 15퍼센트 이상의 향이 진한 향수는 채도가 높은 컬러를 사용하고, 부향률 3~5퍼센트의 가벼운 향의 오드콜로뉴(eau de cologne)는 낮은 채도에 물처럼 맑은 컬러를 사용해 향의 농도를 짐작할 수 있게 만든다. 진한 컬러의 샤넬 퍼퓸과 투명한 컬러의 조말론 오드콜로뉴는 시각적으로도 그 향의 강도 차이를 느낄 수 있다.

많은 여배우가 자신이 즐겨 쓰는 향수로 소개하면서 이름이 알려진 펜할리곤스(Penhaligon's)는 대표적인 니치 향수(niche perfume, 극소수 성

● ● 향수의 컬러는 일반적으로 별도의 색소를 첨가해 향수의 콘셉트에 어울리는 컬러를 만든다.

향을 위한 프리미엄 향수) 브랜드다. 1860년 윌리엄 헨리 펜할리곤(William Henry Penhaligon)에 의해 설립된 향수 회사로 영국 왕실이 가치와 품질을 인정하는 '로열 워런트(royal warrant, 영국 왕실에 공급되는 브랜드에게만 주어지는 인증마크)'를 두 번이나 받으며 오랜 역사와 함께 전 세계 많은 사람에게 사랑받는 브랜드가 되었다.

일명 송혜교 향수로 유명해진 오렌지 블러썸(Orange Blossom)은 오렌지, 재스민, 튜베로즈(Tuberose, 외떡잎식물 백합목 수선화과의 여러해살이풀), 피치 플라워 등의 원료를 조합하고, 노란빛을 띠는 향수에 오렌지 컬러 리본 장식을 더해 상큼하고 향기로운 꽃향기를 연상케 한다. 그윽하고 청명한 달빛의 이미지와 향을 그대로 담은 루나(Luna)는 펜할리곤스의 또 하나의 베스트셀러다.

향으로 눈으로
마시는 티

사실 차는 맛이 아닌 향으로 마신다. 커피만큼 강렬하고 매혹적이진 않지만 은은하고 잔잔한 차의 향기는 분명 사람의 마음을 끌어당기는 또 다른 매력이 있다. 나는 커피만큼 차를 좋아해서 어딜 가든 차 매장에 들러 새로운 향기의 차를 탐색한다.

프랑스에도 수많은 차 브랜드가 있는데 그중 마리아주 프레르(Mariage Freres)는 1854년 파리에서 탄생한 고급 티 브랜드다. 가격은 고가에 속하지만 파리 시내 백화점이나 로드숍 어디에서든 쉽게 구

● ● 고객의 후각과 시각을 동시에 자극할 수 있다면 그들의 감성을 움직일 수 있다.

매할 수 있고, 무엇보다 클래식한 티 카페에서 즐기는 오후의 티타임은 바쁜 일상에 여유를 선사한다. 블랙티, 블루티, 그린티, 루이보스티, 화이트티, 과일티 등 향과 컬러별로 분류되어 자신의 취향대로 티를 고를 수 있다.

흔히 우리가 얘기하는 홍차는 영어로는 블랙티를 지칭하고, 레드티는 일반적으로 루이보스를 가리킨다. 무엇보다 마리아주 프레르에는 매혹적인 컬러를 담은 티가 많아서 눈으로 티를 마시는 즐거움을 선사해준다.

그중 작은 찻잔에 지중해를 담고 있는 환상적이고 매력적인 블루티는 다양한 과일티와 그린티를 베이스로 하고 있는데, 이 블루 컬러의 비밀은 바로 블루 플라워 버터플라이피(butterfly-pea) 성분 때문이다. 나비완두라고 불리는 이 꽃은 맛과 향은 없지만 식품의 컬러를 내는 데 사용된다.

또한 매직티(Magic Tea) 시리즈는 레드 매직티, 블랙 매직티, 화이트 매직티 3가지로 구성되어 있는데 그중 레드 매직티는 루이보스티와 베리 종류를 믹스해 관능적이고 매혹적인 레드 컬러의 티를 완성했다. 루이보스티는 남아프리카 원주민들이 즐겨 마셨던 루이(Rooi)는 원주민어로 붉다는 의미인데 루이보스티만의 독특한 향은 이 레드 컬러와 잘 어울린다. 후각과 시각을 만족하게 하는 티는 일상의 작은 휴식을 선사한다.

향기를 연상시키는 컬러는 강한 호소력을 지닌다. 당신의 제품이 특별한 향을 담고 있다면 그 향과 잘 어울리는 컬러를 고민해볼 필요가 있다. 구매 행위는 이성적인 이끌림보다는 감성적인 이끌림에 더 크게 좌우된다. 특히 향기와 컬러는 상대가 의식하기 어렵지만, 어느새 설득되고 마는 마법 같은 힘을 가지고 있다. 빈자리에도 흔적을 남기는 향기처럼 또 어느새 마음에 잔상을 남기는 컬러처럼 당신이 전하고 싶은 메시지와 이미지를 이 2가지 요소에 잘 담아낸다면 좀더 고객의 마음에 가까이 다가설 수 있을 것이다.

손끝으로
느껴지는 컬러

04

컬러는 소재나 질감과 연관성이 깊다. 같은 컬러라고 해도 어떤 소재에 적용하느냐에 따라 색감은 달라진다. 금속, 플라스틱, 유리, 목재, 석재, 점토, 텍스타일, 종이 등은 각각 표면 질감이 다르다. 소재의 특성에 따라 손끝에서 느껴지는 부드러운 정도와 따뜻한 정도가 다르다. 그래서 그 소재의 컬러는 사람의 촉감에 작용하여 다른 반응을 일으키게 된다.

같은 레드 컬러를 각각의 소재에 입혔을 때 시각적으로 메탈과 유리가 매끈하고 차가운 느낌을 준다면, 우드나 텍스타일은 부드럽고 따뜻한 느낌을 준다. 또 같은 소재라고 할지라고 마감 처리를 달리하면 역시 다른 느낌을 준다. 스테인리스나 알루미늄을 하이글로시 코팅 혹은 광택 처리 한것과 브러싱 혹은 무광택 처리한 것은 같은 소재이지만 전혀 다른 느낌을 준다.

컬러가 주는 심리적인 효과 중에는 색상에 따라 따뜻함과 차가움이 느껴지는 한난감, 명도에 따라 딱딱함과 부드러움이 느껴지는 경연감(硬軟感)이 있다. 사람들은 같은 온도의 물이라도 빨간색 물이 파란색 물보다 더 따뜻하다고 느낀다.

1954년 기무라 도시오(木村俊夫)가 저술한 책《색채의 심리적 기능》에 의하면 온도가 가장 높게 느껴지는 순서는 레드, 오렌지, 옐로, 그린, 퍼플, 블랙, 블루, 화이트 순이고, 일반적으로 난색 계열의 컬러는 따뜻하게 느껴지며, 한색 계열의 컬러는 차갑게 느껴진다고 한다. 명도가 높은 파스텔 톤 컬러는 부드럽게 느껴지고, 명도가 낮은 어두운 컬러는 딱딱하게 느껴진다. 그래서 제품 디자인에서도 이러한 소재와 질감 그리고 컬러와의 연관성을 잘 이용한다면 제품에 대한 기대 효과를 높일 수 있다.

컬러는 옐로를 베이스로 하는 따뜻한 컬러들과 블루를 베이스로 하는 차가운 컬러들로 분류하기도 하는데, 푸른빛을 띠는 레몬은 '차가운 옐로' 컬러, 노란빛을 띠는 달걀노른자는 '따뜻한 옐로' 컬러라고 한다. 옐로를 베이스로 하는 토마토 레드는 따뜻한 느낌을 주고, 블루를 베이스로 하는 와인의 레드는 차가운 느낌을 준다.

블루를 정말 좋아하는 사람들을 위해 옐로가 섞인 튀르쿠아즈나 민트를 제안하면 시원하면서도 따뜻한 느낌을 동시에 전할 수 있다. 보통 그린과 퍼플은 어느 쪽에도 속하지 않는다고 말하지만, 때로는 그린과 퍼플 모두를 차가운 컬러로 구분하기도 한다. 컬러의 온도와

촉감을 잘 활용하면 더 효과적으로 제품의 특징과 기능을 전달할 수 있다.

부드럽고
뽀송뽀송한 컬러

신생아와 유아의 피부는 아직 연약하고 예민해 자극을 주지 않도록 조심해야 한다. 그래서 유아용품들은 대체로 차갑고 딱딱한 유리나 금속보다는 플라스틱이나 실리콘 소재를 사용하고, 피부에 닿았을 때 부드러운 촉감을 주도록 패브릭은 섬세한 짜임으로 만들어지고, 뾰족한 모서리에 다치지 않도록 둥글둥글하게 마감을 한다. 컬러도 유연하고 부드러운 느낌이 드는 라이트 톤이나 페일 톤이 많이 사용된다.

톰 크루즈 딸 수리 크루즈 등 해외 셀럽의 자녀가 자주 들고 다니면서 유명해진 젤리캣(Jellycat)은 영국에서 온 프리미엄 애착 인형 브랜드다. 애착 인형이란 엄마와 잠시도 떨어져 있지 않으려고 하는 분리불안증을 겪는 7~36개월 아기들에게 정서적 안정감을 주고 수면 교육에 도움을 주는 인형이다.

젤리캣의 애착 인형은 100퍼센트 폴리에스터 소재의 극세사 원단으로 제작되어 매우 부드러운 감촉을 느낄 수 있다. 대표 제품 바시풀 버니(Bashful Bunnies)는 홀랜드 롭(Holland Lop)처럼 축 늘어진 귀와 따뜻하고 부드러운 베이지 컬러의 털이 특징이다.

크림, 실버, 튤립 핑크, 블러쉬 등의 파스텔톤 컬러는 애착 인형의 부드러움을 한층 더 느낄 수 있게 도와준다.

더 따뜻하게 느껴지는
컬러

계절이 바뀌면 다양한 시즌 상품들이 출시되는데 특히 이상 기온으로 매년 더 더워지는 여름과 더 추워지는 겨울에 대응하기 위한 새로운 아이디어 제품이 많이 출시되고 있다. 꽁꽁 언 손을 따뜻하게 지켜주기 위해 생겨난 장갑에서부터 핫팩 그리고 이제는 USB 충전식 난로가 인기를 끌고 있다. 이러한 겨울 용품들 역시 난색 계열의 컬러를 활용하면 더 따뜻한 인상을 줄 수 있다.

컬러에 대한 선호도는 다양한 조건에 의해 달라진다. 아무리 블루를 좋아하는 사람일지라도 따뜻한 겨울나기를 위해 파란 아이스박스를 연상시키는 차가운 컬러의 난방 제품을 선호하지는 않는다.

제품 컬러를 결정할 때에는 소재의 특징과 질감을 잘 파악하고 제품의 용도나 기능을 고려할 필요가 있다. 하지만 소재의 특징을 그대로 살릴 필요는 없다. 매끈하고 차가운 느낌의 금속 소재에 부드럽고 따뜻한 느낌을 부여하고 싶다면 파스텔 컬러에 무광 코팅을 하면 된다.

● ● 겨울철 빨간색 머플러는 더 따뜻하게 느껴진다.

05

패턴을 돋보이게 해주는 컬러

점(dot)과 망(net)을 모티브로 자신만의 작품 세계를 만들어가는 쿠사마 야요이(Kusama Yayoi)는 일본을 대표하는 설치미술 작가다. 어릴 적 집 안에 있던 붉은 꽃무늬 식탁보를 본 뒤 남은 잔상이 사방에 번져 보이는 신기한 경험을 한 이후, 그것은 그녀 작품의 중요한 소재가 된다. 그녀는 점과 망을 통해 무한한 세계를 받아들이고 자신의 세계를 표현한다.

이러한 표현 방식은 자신의 강박신경증과 편집증에서 비롯된다고 그녀는 말하고 있지만, 실제로 모든 물질이 작은 점과 같은 원자에서 시작되어 온 우주를 형성하고 있으니 그녀의 통찰력과 표현력은 일리가 있지 않을까.

사실 나도 그전까지 그녀를 좀 기괴하다고 느끼고 있었지만, 2014

년 예술의 전당에서 본 쿠사마 야요이의 전시회 'A dream I dreamed'
은 그러한 편견을 깨는 데 충분했다. 무한히 반복되고 이어지는 점들
속에서 그녀가 얘기하는 무한한 우주가 무엇인지 직접 경험할 수 있
었다.

그녀의 대표적인 작품은 호박(pumpkin)인데 잘 익은 짙은 노란빛
을 띤 커다란 호박에 검은색 도트가 새겨져 있다. 기이하지만 따뜻하
고 무언가 신비한 힘을 발산하는 듯한 호박은 그녀의 작품세계와 정
서를 가장 잘 반영하고 있었다.

쿠사마 야요이 작품에서 볼 수 있는 가장 기본적인 패턴 폴카 도
트(polka dot)는 역시 블루보다는 레드가 잘 어울린다. 그리고 마린룩
에서 볼 수 있는 스트라이프 패턴은 레드보다는 블루가 잘 어울린다.
붉은 태양을 연상시키는 둥근 라인의 도트는 따뜻하고 포근한 느낌
을 주기 때문에 레드나 옐로 등의 따뜻한 컬러들과 잘 어울리고, 푸른
바다를 연상시키는 직선의 스트라이프는 명쾌하고 차가운 느낌을 주
기 때문에 블루 같은 차가운 컬러들과 잘 어울린다.

물방울 패턴은 블루와 나뭇잎 패턴은 그린과 잘 어울리는 것은 형
태에서 연상되는 사물과 연관이 깊다. 그래서 패턴을 좀더 강조하고
싶을 때 컬러를 잘 활용하고, 컬러에서 연상되는 이미지를 만들고 싶
을 때 패턴을 이용하면 시너지 효과를 얻을 수 있다.

● ● "점은 태양의 형태를 지녔다. 태양은 세상과 우리가 사는 세상의 에너지에 대한 상징이다. 점은 달의 형태를 지녔다. 달은 차분하면서도 둥글고 부드럽고 색깔이 다양하면서 무감각하다. 점은 움직임이 된다. 결국 점이 무한함의 방식인 것이다."
– 쿠사마 야요이

단순한 컬러로 강한 인상을
만드는 방법

블랙과 화이트의 조합은 그 어떤 배색보다 화려한 분위기를 연출한다. 콘트라스트가 강한 2가지 컬러의 조합은 하나의 컬러보다 더 강한 인상을 만들어낸다. 여기에 적절한 패턴이 더해지면 더 강력한 이미지를 만들어낸다.

가장 오래된 보드 게임 체스는 두 사람이 각자 16개의 말을 가지고 64개의 눈이 있는 체스판에서 상대의 킹을 잡는 게임이다. 코끼리, 말, 전차, 보병 등 똑같은 모양을 한 말은 적군과 아군을 구분하기 위해 대조 컬러로 디자인되어 있다. 전통적인 체커보드는 목재나 석재로 만들어지지만 대중적인 제품은 판지 소재로 제작된다. 체스 말은 상아, 유리, 목재, 점토, 석재, 백랍 등 다양한데, 최근에는 대부분 폴리메틸 메타크릴레이트(Poly(methyl methacrylate), PMMA, 아크릴수지) 같은 플라스틱으로 만들어진다. 이러한 소재에 확실한 대비감을 보여주는 블랙과 화이트의 컬러가 입혀지면 모던한 감각의 체스 게임 디자인이 완성된다.

체커보드(Checkerboard, 서양 장기판)에서 영감을 얻어 완성된 케이 앤 드 큐 체스 스틱 케이크(K&Q Chess Stick Cake)는 강렬한 체커보드 체크 패턴으로 디자인된 스틱형 케이크다. 일반적으로 길이가 긴 스틱형 과자들은 그 길이 때문에 비닐백에 포장되어 팔리는데, 얇은 형태의 비닐백은 불안정해 보이고 디자인 요소들을 표현할 수 있는 공간도 충분치 않다. 그래서 라토나 마케팅(Latona Marketing Inc) 회사는 이러한

●● (위) 패턴과 컬러를 적절하게 조합하면 제품의 콘셉트를 한층 더 잘 전달할 수 있다.
(아래) 전통적인 체크 패턴은 유행과 상관없이 오래도록 사랑받는 패턴 중 하나다. 이것은 모던
한 컬러와의 조합을 통해 새로운 이미지로 탄생할 수 있다.

문제를 해결하기 위해 예쁜 디자인을 입힌 지관(paper sleeve)을 만들어 비닐백을 담았다. 8:1 비율로 만들어진 긴 관은 체커보드 패턴으로 입혀진 후 8개의 관이 정사각형 박스에 담겨 완벽하게 64개 사각형의 체스판을 재현했다. 케이 앤드 큐 체스 스틱 케이크의 이러한 기발한 디자인은 체스 게임을 즐기듯 우아한 티타임을 만들어준다.

디자인 요소들은 서로 잘 어우러졌을 때 최상의 결과물을 만들어낸다. 특히 컬러와 패턴을 잘 조합하고 활용하면 강력한 아이덴티티를 형성하고 독특한 개성을 완성할 수 있다.

1998년 특허청에 상표 등록된 버버리의 체크패턴은 버버리의 상징이자 자산이다. 버버리 체크패턴의 모티브가 된 영국 스코틀랜드의 전통 문양 타탄체크(tartan check)는 원래 신분을 나타내는 문양으로 2가지 색은 농민, 3가지 색은 관리, 4가지 색은 지방행정관, 5가지 색은 재판관, 6가지 색은 시인, 7가지 색은 왕족으로 구분되었다. 버버리의 인기만큼 수많은 유사 디자인 제품들이 만들어지면서 버버리는 수십 년 동안 자신들의 체크 패턴을 지키기 위한 소송을 계속하고 있다. 헤이마켓(Haymarket), 하우스(House), 노바(Nova), 익스플로디드(Exploded) 등 다양한 버버리 패턴은 버버리 룩을 완성시키는 매력적인 요소다.

프랑스 국민 과자 브랜드 본마망(Bonne Maman) 역시 깅엄체크(gingham check, 흰색과 다른 색의 씨실과 날실로 짜여진 체크) 무늬가 브랜드의 시그니처 디자인인데, 과자 패키지 상단이나 잼 뚜껑에 입혀져 있는 친근하고 복고적인 느낌의 이 체크 무늬는 상냥한 엄마가 만들어준 간식의 이미지를 잘 표현해주고 있다.

06

스토리가 있는 컬러

브랜드도 제품도 스토리텔링이 중요한 시대다. 사람들은 이야기를 좋아한다. 특히 흥미로운 이야기일수록 더욱 사람들의 관심을 끌고 마음을 움직이고 기억에 남는다. 그래서 모든 브랜드가 자신의 브랜드를 소개할 때 브랜드 스토리부터 시작한다. 브랜드가 탄생하기까지 있었던 이야기 혹은 브랜드가 담고 있는 이야기는 사람들의 흥미를 자극한다.

제품도 마찬가지다. 정직함과 진정성이 담긴 제품은 감동과 신뢰를 준다. 창업자나 제작자의 비하인드 스토리도 화제가 된다. 남다른 열정으로 사업을 시작했던 이야기에서부터, 더 좋은 제품을 만들어내기까지 힘들었던 과정, 수많은 어려움을 극복하고 만들어낸 제품과 브랜드에 관련한 모든 이야기는 단순히 귓가에 남겨지는 것이 아니라 가슴에 새겨진다.

컬러도 마찬가지다. 어떤 컬러에 관한 이야기를 알고 나면 더 흥미와 애착이 생기고 기억에도 남는다. 2018년 6월, 출간된 카시아 세인트 클레어(Kassia St Clair)의 《컬러의 말》은 컬러에 숨겨진 수많은 흥미로운 이야기를 담고 있다. 컬러를 활용한 스토리텔링은 소비자들이 좀더 브랜드와 제품을 이해하고 기억하는 데 도움이 된다.

오타와는 평범한 컬러의 도시가 아니다

영어 'vanilla'는 바닐라 향의 바닐라 외에도 형용사로 '평범한, 특별할 것 없는'이란 의미가 있다. 캐나다의 수도 오타와(Ottawa)가 관광객 유치를 위해 기획한 캠페인 '낫 바닐라(Not vanilla)'는 컬러풀한 아이스크림 패키지를 통해 "오타와는 사람들의 편견과 달리 흥미롭고 재미있는 도시"라는 메시지를 전하고 있다. 기존의 전형적인 관광 광고의 틀을 깨고 아이스크림의 패키지 디자인을 통해 오타와의 숨겨진 매력을 매우 직관적으로 전달한다.

심플한 화이트 아이스크림의 겉 박스에는 바닐라 단어에 취소선을 넣어 부정의 의미를 표현한 캠페인 로고만 표기되어 있는데, 이 박스를 열면 아이스크림과 함께 속 박스의 강렬한 컬러와 패턴이 드러난다. 오타와는 탈 만한 것들이 많고(Rideauculous, 후추+자두 맛), 어슬렁거리기 좋고(Roam Sweet Roam, 대추+커피 맛), 구역마다 밤마다

● ● ● 모든 컬러에는 의미가 있으며 사람들에게 메시지를 전한다.

놀 거리 많고(ByWard ByNight, 비터즈+캐러멜 맛), 멋진 오타와 강이 있고 (Urban Splash, 맥주+허니 맛), 깨끗한 자연 속에서 레저 활동(Ottawild, 사과 +엘더 플라워 요거트 맛)을 즐기기 좋다는 것을 5가지 맛과 컬러로 표현 하고 있다. 반전의 매력을 보여주는 이 아이스크림 박스는 지루해 보이는 오타와가 직접 와 보면 이렇게 매력이 많은 도시라는 것을 대변해준다.

2018년 6월, 토론토에서 팝업 행사를 열었던 이 캠페인은 현장에 서 사람들에게 무료로 아이스크림을 나누어주면서 오타와가 전하고 자 하는 메시지를 직접 경험할 수 있게 만들었다. 오타와 도시에 대 한 관광 정보나 멋진 사진들 혹은 구구절절한 설명보다 그저 명쾌한 이 컬러들과 강력한 메시지가 사람들의 편견을 깨는데 훨씬 효과적 이었음은 두말할 필요도 없다.

새로운 블루 '블루티풀'의
탄생 스토리

200년 만에 새로운 블루 컬러가 발견되었다. 2009년 미국 오리건 주립 대학교의 과학자들에 의해 발견된 청색 색소 인망(YInMn)은 좀 더 쨍하고 강렬한 블루컬러를 띠고 있다. 울트라마린이나 프러시안 블루보다 내구성이 강한 이 색소는 물이나 오일에서도 선명한 컬러가 유지되고, 코발트 블루보다도 안전하다. 미국 크레용 브랜드 크레욜라는 새로운 구성의 24가지 색 크레용 세트를 만들기 위해 이 새로운 블루 컬러로 기존 단델리온 옐로(민들레 노랑)를 대체하고자 했다.

하지만 색소를 구성하고 있는 원소인 이트륨(Y), 인듐(In), 망간(Mn)의 합성어로 지은 이름인 인망 블루는 부르기 어려워서 공모전을 진행했다. 응모된 약 9만 개의 이름 중 선택된 것은 '블루티풀(bluetiful)'이다. 블루와 뷰티풀의 합성어로 최종 후보작 4개 중 40퍼센트의 지지율을 얻어 인망 블루의 새로운 이름으로 채택되었다. 그리고 신규 컬러의 공식적인 발표 행사와 함께 블루티풀이 세상에 소개되었는데 새로운 블루 컬러를 환영하는 사람도 많았지만 기존의 컬러 이름의 체계와 다르다며 부정적인 의견도 많았다. 스카이 블루나 인디고 블루가 아닌 합성어 블루티풀는 아이들의 색채 교육에도 문제가 있다는 지적이었다. 하지만 이미 공식화된 블루티풀은 새로운 블루 컬러로 크레욜라 크레용 세트에 포함되어 판매되기 시작했다.

컬러는 무수히 많은 흥미로운 이야기를 담고 있다. 그래서 그러한 컬러의 이야기들을 당신의 브랜드, 제품, 프로모션에 잘 녹여내면 좀

● ● 컬러는 언제나 누구에게나 흥미로운 소재거리다. 컬러를 이용하면
사람들의 관심과 참여를 이끌어낼 수 있다.

더 주의를 집중시킬 수 있다. 이야기에 고객들을 직접 참여시키면 그
효과는 배가된다. 소셜 미디어를 활용하면 적은 비용을 들이고도 많
은 사람을 참여시키는 캠페인을 진행할 수도 있다. 번뜩이는 아이디
어와 흥미를 끌 수 있는 재미를 담고 있다면 사람들은 당신의 이야기
를 듣기 위해 몰려들 것이다.

컬러와 관련된 고객들의 이야기들을 이끌어내어 공유하는 것도
좋은 방법이다. 컬러는 어려운 디자인 이론이 아니라 우리 일상의
이야기다. 그저 평범한 일상의 수다처럼 컬러는 쉽고 재미있는 얘
깃거리가 될 수 있다. 당신의 브랜드나 제품도 사람들이 이해하기
힘든 어려운 이야기들보다 쉽고 흥미로운 이야기로 채워져야 할 것
이다.

컬러를 즐길 수 있는
게임 앱

　알록달록한 캔디 컬러들 때문에 보는 것만으로도 입에 침이 고이는 게임, 캔디 크러시 사가(Candy Crush Saga)는 모바일 게임 시장에서 가장 성공한 매치 스리 퍼즐 게임이다. 2012년 킹(King)사에 의해 처음 소개된 캔디 크러시 사가는 매치 스리 퍼즐 게임에 스토리, '여정', 미션의 요소를 더해 재미를 배가시켰다. 구글 플레이 스토어와 애플 앱 스토어에서 상위권을 차지하고 있는 캔디 크러시 시리즈는 조금 더 짜릿하게 터지는 탄산으로 업그레이드된 '캔디 크러시 소다', 말랑말랑하고 쫀득한 젤리의 텍스처를 살린 '캔디 크러시 젤리', 2018년 10월 출시된 캐릭터 친구들을 스크랩북에 모으고 의상을 갈아입히는 재미를 더한 '캔디 크러시 프렌즈 사가'까지 총 4가지 버전으로 선보이고 있다.

　캔디 크러시 사가의 경쟁력 중 하나는 오감을 자극하는 컬러들과 콘셉트다. 알록달록한 캔디 컬러는 입안 가득 퍼지는 달콤한 맛과 향을 연상시키고, 손끝에서 귓가에서 터지는 짜릿하고 상쾌한 탄산은 잠시나마 스트레스를 날려버리는 데 효과적이다. 유사한 매치 스리 게임들의 소재는 새, 보석, 초콜릿, 물방울, 풍선, 물고기 등으로 모두 흥미롭지만 캔디 크러시만큼 모든 감각을 자극하지는 않는다. 지루하고 무기력할 때 눈으로 손끝으로 즐기는 컬러 캔디 크러쉬 사가는 일상에 작은 활력을 준다.

5

COLOR CONTROLS TIME

컬러로
더 빨리 더 오래
팔리게 한다

Color
Controls
Time

치열한 시장에서 살아남을 수 있는 경쟁력 있는 브랜드를 구축하는 데 가장 중요한 요소 중 하나는 디자인이다. 고객이 수많은 브랜드 중에서 특정 브랜드를 인식하고, 선택하고, 확신하도록 만드는 모든 일련의 과정에서 디자인은 전략적으로 사용된다. 컬러는 고객이 어떤 브랜드를 차별화된 이미지로 인지하고 구매 결정을 하고 충성도를 갖게 하는 데 결정적인 역할을 한다.

일반적으로 브랜드는 제품의 수명주기보다 길지만 사실 오래도록 사랑받는 브랜드는 흔하지 않다. 특히 쉽게 트렌드를 따라가고 새로운 것에 민감한 한국 소비자들에게 변함없는 애정과 관심을 받기란 매우 어려운 일이다.

시간을 뛰어넘어 모든 여성의
로망이 된 컬러

180년 동안 전 세계 여성의 마음을 두근거리게 한 브랜드가 있다. 신분 상승을 꿈꾸던 한 여성이 진실한 사랑을 찾아가는 이야기를 다루고 있는 영화 〈티파니에서 아침을〉에서 오드리 헵번이 커피와 빵을 먹으며 한참을 바라보았던 보석상, 티파니앤코(Tiffany & Co.)다. 이 장면이 이 영화가 제작된 1961년 이래 57년이 지난 지금도 사랑받고 있듯이 티파니는 180년 동안 여성들의 로망으로 자리 잡은 브랜드다.

100년 넘게 티파니앤코 브랜드의 성장에 기여한 일등공신 중 하나는 브랜드 시그니처 컬러인 '티파니 블루'라고 말할 수 있다. 티파니 블루는 그린 빛이 도는 라이트 미디엄 톤의 '라빈 에그 블루(robin egg blue)'와 유사한 티파니앤코의 시그니처 컬러로, 1845년에 발행되었던 티파니 블루 북의 커버 컬러로 사용되기 시작하여 티파니의 패키지와 프로모션 컬러로서 티파니를 상징하는 컬러가 되었다.

팬톤사에 의해 티파니의 시그니처 컬러로 만들어진 티파니 블루는 티파니가 설립된 1837년을 기념하며 'PMS1837'의 고유 넘버를 갖게 되었다. 이 컬러는 티파니의 트레이드마크 컬러로 다른 브랜드에서 사용되는 것은 허용되지 않는다. 그래서 일반 팬톤북에서는 찾아볼 수 없다. 팬톤사는 이렇게 특정 브랜드만을 위한 맞춤형 컬러 솔루션 서비스를 제공하고 있다.

●● 로맨틱한 감성을 자극하는 '티파니 블루 박스'는 많은 여성이 프로포즈받을 때 기대하는 컬러다.

밀레니얼 세대의 마음까지
사로잡은 티파니 블루

기존 세대와 다른 소비 취향을 가지고 있는 밀레니얼 세대는 명품에 집착하지 않는다. 그들의 구매 기준은 유명 브랜드가 아닌 자신의 취향에 맞는 디자인이다. 그러한 밀레니얼 세대의 소비 트렌드 변화로 티파니 역시 최근 매출 감소를 겪으며 새로운 돌파구를 찾아 나섰다. 새롭게 탄생한 티파니 매장은 제품을 구매하는 고급 부티크에서 티파니 브랜드를 경험할 수 있는 로맨틱한 카페로 진화했다.

2017년 11월, 뉴욕에 오픈한 티파니 블루 박스 카페(The blue box cafe)는 영화 〈티파니에서 아침을〉의 한 장면을 재현하기 위해 카페 공간과 아침 식사 메뉴 등을 구성해 고객들이 체험을 통해 티파니를 느낄 수 있게 하였다. 무엇보다 이곳의 핵심은 티파니의 아이코닉 컬러 티파니 블루다. 인테리어에서부터 메뉴까지 온통 티파니 블루 컬러를 입은 카페는 확실하게 브랜드 아이덴티티를 경험할 수 있게 하였다. 티파니 블루 쇼파에 앉아 티파니 티 세트를 주문하면 티파니 블루 컬러의 플레이트에 새둥지 과자 위에 담긴 로빈 에그 모양 초콜릿과 작은 블루 박스 모양의 디저트가 함께 나온다.

이러한 티파니의 과감한 도전은 2018년 1분기 매출이 전년 대비 11퍼센트 증가하는 데 기여했다. 블루 박스 카페로 뉴욕의 핫 플레이스가 된 맨하탄 매장은 티파니 연간 매출의 10퍼센트를 차지하는 주요 매장으로서 앞으로도 끊임없는 진화를 이루어갈 예정이다. 티파니는 이 맨하탄 매장에 2억 5천만 달러의 막대한 예산 투자를 통해

2021년 4분기까지의 리노베이션을 진행할 예정이다. 소비자들에게 드라마틱한 새로운 경험을 제공하는 장소로 거듭날 것이라는 티파니의 약속은 블루 박스만큼이나 사람들의 기대감을 불러일으킨다.

모든 시대를 뛰어넘어 오래도록 사랑받는 컬러가 된다는 것은 결코 쉬운 일이 아니지만, 생명력이 긴 브랜드가 되기 위해서는 브랜드 아이덴티티 컬러도 일시적인 트렌드보다 영속성을 갖는 것이 중요하다. 그래서 브랜드 컬러를 선택할 때에는 단순히 유행색이 아닌 브랜드의 아이덴티티를 잘 살려주는 차별성과 시장에서 오래도록 살아남는 지속성이 중요하다.

브랜드 컬러는 브랜드가 전달하고자 하는 가치나 메시지를 상징적으로 표현하고, 브랜드가 제공하는 경험이나 이미지와 잘 어울려야 한다. 제품의 컬러는 다양하게 변화할 수 있지만 브랜드 컬러는 특별한 사유에 의해 리뉴얼되는 경우가 아니라면 브랜드 매뉴얼에 따라 항상 동일한 컬러로 사용되어야 한다.

열정과 대담함을 담고 싶다면 레드, 미래의 비전과 신뢰를 주고 싶다면 블루, 긍정의 에너지와 행복감을 전하고 싶다면 옐로가 적절하다. 물론 같은 레드라도 톤의 차이에 따라 혹은 다른 컬러와의 조합에 따라 차별화된 이미지를 구축할 수 있다. 이러한 컬러는 지속적으로 고객들에게 노출되고 반복되어 고객이 인지하고 기억될 수 있게 하는 것이 핵심이다. 당신의 브랜드 수명을 연장해줄 전략은 차별화된 브랜드 컬러에서 시작된다.

지갑을 빠르게 열게 만드는 컬러

매출을 증가시키는 방법은 여러 가지가 있다. 제품 가격을 올리거나, 신규 고객수를 늘리거나, 객단가(고객당 구매하는 금액)를 높이거나, 기존 고객의 재구매율을 높이는 것이다. 만약 저가의 제품으로 매출을 올리기 위해서는 더 많은 신규 고객들을 끌어모으거나, 기존 고객들이 더 많이 더 자주 살 수 있게 하여야 한다.

이렇게 저가의 제품들을 위해서는 다양한 마케팅 전략을 고려해볼 수 있는데 무엇보다 목적 달성을 위해 도움이 되는 컬러는 바로 '알록달록한 컬러'다. 무채색보다는 자극적이어서 충동구매를 일으키기 쉽고, 강렬한 컬러들은 질리기 쉽기 때문에 재구매가 일어나기 쉽다. 거기에 저렴한 가격이 더해지면 효과는 배가된다. 특히 구매 주기가 짧은 생활용품, 문구류, 식품류 등은 형형색색의 컬러로 무장하고 소비자들을 유혹한다. 이렇게 컬러풀한 아이템들은 무채색 옷을 즐겨 입거나 뉴트럴 컬러의 인테리어에 둘러싸여 생활하는 사람들에게는 지루한 일상에 작은 활력과 생기를 불어넣을 수 있고, 강렬한 컬러를 꺼리는 사람들도 이러한 아이템들은 작은 면적을 차지하기 때문에 심리적으로 부담감도 덜하다.

빠르게 소비되는 컬러

장기적인 경제 불황은 수많은 가성비 제품들을 만들어냈고, 디자인 감각은 날로 진화해가고 대중화되면서 소비자들은 이제 저렴한 디자인 제품들을 마음껏 누릴 수 있게 되었다. 코펜하겐에서 온 플라잉 타이거 코펜하겐(Flying Tiger Copenhagen)은 문구류에서부터 생활 소품, 헬스 용품, 파티 용품, 장난감까지 모든 디자인 제품을 판매하는 덴마크 디자인 소품 브랜드다.

미로처럼 구성된 매장에는 형형색색의 유니크하고 재치 넘치는 디자인 제품들이 진열되어 있어서 구경하는 것만으로도 즐거워지는 어른들의 놀이터다. 비비드 톤의 화려하고 감각적인 북유럽의 컬러가 가득한 매장은 보는 것만으로도 심장 박동수를 높인다. 그래서 지루할 틈 없이 쇼핑을 즐기고, 만 원 정도로 예쁜 아이템들을 마음껏 장바구니에 담을 수 있다. 심각하거나 진지해질 수 없는 알록달록한 컬러는 쉽게 소비자의 마음을 열게 하고 빠른 구매 결정을 하도록 돕는다.

●● 시각적 자극이 강한 알록달록한 컬러는 강렬한 심리적 자극을 동시에 일으킨다.

알록달록 쫄깃쫄깃한
컬러

최근 가장 인기 있는 간식은 단연 젤리다. 마트나 편의점에 가면 수많은 젤리가 한쪽 벽 선반을 가득 채우고 있다. 직장인들 사이에서 츄잉 푸드(chewing food) 수요가 늘면서 쫄깃한 식감과 새콤달콤한 맛을 즐길 수 있는 젤리가 전성시대를 맞이했다.

2015년 1,020억 원이었던 젤리 시장은 2017년 1,800억 원대로 성장하면서 수년째 2,400억 원대에 머무는 껌 시장을 위협하고 있다. 각종 과일에서부터 콜라, 요구르트, 곰 인형, 그리고 지렁이까지 맛도 모양도 다양하다. 패키지에서부터 젤리까지 온통 알록달록한 컬러는 보는 것만으로도 입에 침이 고이게 한다. 천연색소를 사용하고 있는 제품들도 선명한 컬러를 띠고 있기 때문에 어느 쪽이든 다 유혹적이다.

2008년 탄생한 프로젝트 세븐(Project 7)은 캘리포니아를 본거지로 두고 있는 껌과 젤리 브랜드다. 글루텐이나 합성 보존제, 인공색소, GMO(유전자변형식품)를 전혀 넣지 않고 블랙 당근, 아나토(annatto, 잇꽃나무의 씨를 이용하여 만든 향신료로 씨 껍질을 물이나 기름에 녹여서 나온 빨간색은 주로 유제품에 착색료로 이용), 무, 강황, 해바라기 오일, 브라질 납 야자 왁스(carnauba wax, 브라질 납 야자나무의 잎에서 채취한 성분으로 주로 광을 내는데 씀) 등의 천연 채소와 열매에서 추출한 원료와 컬러를 사용해 젤리를 만든다. 무엇보다 다른 브랜드에 없는 새로운 맛을 선보이고 있는데 샴페인 드림즈 구루메(Champagne Dreams Gourmet), 모히또 맘보 구루메(Mojito

알록달록하지만 톤 다운된 차분한 컬러가 어른들을 위한 젤리로 포지셔닝하는 데 기여했다.

Mambo Gourmet), 모스코 뮬 구루메(Moscow Mule Gourmet), 스파클링 미모 사 구루메(Sparkling Mimosa Gourmet) 등의 칵테일 시리즈는 어른들의 취향까지 저격한다. 깨끗하고 심플한 화이트 컬러 베이스에 더해진 무지개 컬러와 무광 코팅된 패키지 디자인은 깔끔하면서도 고급스러운 느낌을 주어 다른 브랜드와 확실한 차별화를 보인다. 눈과 입이 즐거운 알록달록하고 쫄깃쫄깃한 젤리는 간식 1순위로 당분간 그 자리를 다른 껌이나 과자에 내어줄 것 같지 않다.

제품 회전 주기가 짧고 가격이 저렴한 제품들은 좀더 과감하게 화려하고 다양한 컬러를 활용하는 것이 좋다. 무채색, 뉴트럴 컬러, 어두운 톤 컬러는 마음을 차분하게 만든다. 하지만 저가의 제품들은 소비자들이 생각하기 전에 구매 행동을 하도록 하는 것이 첫 번째 미션이다.

채도가 낮은 컬러보다는 높은 컬러가, 한 가지의 컬러보다는 2가지 이상의 컬러가 사람의 마음을 흥분시키고 들뜨게 한다. 초록의 숲에서 느끼는 편안함과 형형색색의 꽃들이 만발해 있는 정원에서 느끼는 설렘의 차이 같은 것이다. 소비자의 생각을 지배하는 것보다 마음을 지배하는 것이 더 중요하다. 컬러는 그 마음을 차지하는 데 분명 크게 기여한다.

오래 보아도
싫증 나지 않는
컬러

___
03

아무리 신나는 음악을 좋아해도 시끄러운 음악을 종일 들으면 피로해진다. 컬러도 마찬가지다. 강렬한 컬러는 눈에 금방 들어오고 쉽게 마음이 동요되지만 어느새 보는 것만으로도 피곤해지고 금세 질리기 마련이다.

컬러는 면적과도 상관관계가 있어서 면적이 넓어지면 같은 컬러라고 해도 채도와 명도가 높아져서 더 강렬하고 더 밝게 보인다. 예를 들어 방의 분위기를 바꾸고자 한쪽 벽을 포인트 컬러로 페인팅하기 위해 컬러칩을 보고 상큼한 레몬 옐로를 고른다면 실제로 벽에 칠했을 때 너무 눈이 부시고 부담스러워서 당황할 것이다. 그래서 인테리어 시공을 할 때 벽지나 바닥재, 타일 등 넓은 면적을 차지하는 컬러는 무채색이나 뉴트럴 컬러가 많이 쓰인다.

하지만 특별히 좋아하는 컬러가 있다면 내가 원하는 컬러보다 조금 탁하고 어두운 컬러를 선택하는 것이 좋다. 제품 컬러는 제품의 사용 기한과 가격과도 관련이 있다. 자동차나 가전제품, 가구 등 내구성을 가진 고가의 제품들은 오래도록 질리지 않고 사용할 수 있는 무난한 컬러가 선호된다. 무채색이나 뉴트럴 컬러는 자극적이지 않아서 지루할 수도 있지만 비비드한 컬러보다는 오래 보아도 싫증나지 않고 부담스럽지 않다.

7년째 전 세계인에게 사랑받는 자동차 컬러, 화이트

내 생애 첫 자동차는 화이트였다. 화이트 컬러를 선택한 첫 번째 이유는 10년 만에 장롱 면허를 꺼내어 도로로 나가는 필자의 밤길 안전 운전을 위해서였다. 흰색 차는 어두운 밤에 명시도가 높다.

세계 최고의 페인트 회사 엑솔타(Axalta) 코팅 시스템즈가 2017년 세계 자동차 색상 인기 조사 보고서를 발표했는데, 전 세계 신차 구매자들이 가장 많이 선택한 컬러는 바로 화이트였다. 전년 대비 2퍼센트 오른 39퍼센트의 점유율을 기록하며 7년 연속 1위를 차지하고 있다. 2위는 블랙으로 16퍼센트, 3위는 그레이와 실버로 11퍼센트의 점유율을 보였다. 한국 역시 신차 구매자 중 32퍼센트가 화이트를 선택했고 그중 솔리드 화이트(solid white)가 21퍼센트로 11퍼센트였던 펄 화이트(pearl white)보다 더 높은 선호도를 보였다.

설문 조사에 의하면 화이트를 선호하는 이유는 깔끔해 보이고 실제보다 더 커 보이기 때문이었다. 명도가 높은 컬러는 시각적으로 팽창되어 보인다. 실버나 그레이는 차분하고 튀지 않으면서 외관 디자인을 돋보이게 해주기 때문에 선호되고, 블랙은 안정감, 무게감, 중후함의 이미지 때문에 특히 대형 자동차를 구매하는 사람들이 선호한다. 중고차 시장에서도 불특정 다수를 대상으로 하므로 무난한 무채색이 잘 팔리고, 특히 선루프를 장착한 화이트 자동차는 시세보다 비싸게 판매되고, 옐로나 레드의 중 대형 자동차는 판매도 어렵고 무채색보다 100만 원 이상 저렴하게 팔린다.

1989년 일본 자동차 회사 도요타(Toyota)에서 탄생시킨 렉서스(Lexus)는 전 세계 70여 개국에서 판매되고 있는 글로벌 럭셔리 자동차 브랜드다. 일본적인 도요타의 이미지를 완전히 배제하고 글로벌 브랜드로 성공적인 포지셔닝을 이룬 브랜드 마케팅 신화로도 유명하다.

2016년 렉서스의 NX 모델과 함께 선보였던 화이트 컬러 소닉 쿼츠(sonic quartz)는 컬러 디자이너 오카모토의 고향 삿포로의 눈 덮인 겨울 풍경에서 영감을 얻어 탄생했다. '햇빛 아래서는 빛나면서도 그늘 아래서는 숨죽이는 눈의 컬러' 이미지가 소닉 쿼츠에 재현되었다.

일반적으로 자동차 도장은 베이스, 컬러, 클리어 코트로 세 겹 칠하지만 소닉 쿼츠는 총 다섯 겹으로 칠해졌다. 가장 밑에는 화이트 도장이 세 겹으로 두껍게 입혀지고, 그다음에는 미세한 진주 조각을 넣은 도장이, 마지막으로 맨 위에 화강암에 들어있는 광물 운모(mica)의 얇은 조각이 포함된 도장이 칠해진다. 그래서 완전한 화이트 바탕에 두 층의 미세한 입자들이 빛을 받으면서 화려하게 반짝거린다.

천천히 가는 시계와
수명이 긴 컬러

시간이 지나면 컬러도 나이를 먹는다. 물리적인 자극이나 햇빛에 의해 컬러는 채도가 옅어지고 다른 컬러로 변하기도 한다. 하지만 염료나 안료를 포함하고 있지 않은 목재, 금속, 석재와 같은 소재의 컬러는 시간이 지나도 변함이 없거나 시간이 지날수록 그 멋을 더해간다. 특히 따뜻한 컬러인 목재는 사람들과 가장 친숙하게 지내온 재료다.

목재는 종류에 따라 나뭇결이나 컬러도 다르고 강도와 내구성도 달라서 가격 차이도 천차만별이다. 목재의 컬러는 본래 컬러와 오일·왁스·스테인(stain, 목재용 착색제) 등 마감 처리를 어떻게 하는가에 따라 컬러가 달라진다. 너도밤나무, 느릅나무, 메이플은 주로 밝은 톤의

자연 소재의 컬러는 서로 충돌하지 않고 자연스러운
하모니를 만들어내며 시간이 지날수록 색은 깊어진다.

브라운 컬러를 띠고, 마호가니, 월넛, 체리는 어둡고 진한 컬러를 띤다. 무엇보다 목재 가구의 매력은 시간이 지남에 따라 손때가 더해져 색에 깊이가 더해지고 더 멋스러워진다는 것이다. 빈티지 가구의 매력은 바로 그 오랜 세월이 만들어낸 시간의 색이다.

최근 다시 대두되는 킨포크(kinfolk) 스타일은 슬로 라이프를 즐기는 사람들 속에서 인기를 얻고 있다. 킨포크는 친척, 친족 등 가까운 사람들을 의미하는 말로 가까운 사람들과 어울리며 자연 속에서 느리고 여유롭게 사는 소박한 삶을 추구하는 현상을 일컫는다. 이 용어는 2011년 미국에서 출간된 킨포크 계간지에서 포틀랜드(Portland) 지역의 삶을 소개하며 쓰이게 되었다.

자연 친화적이고 건강한 생활양식을 추구하는 킨포크 스타일의 덴마크 브랜드 프라마(Framacph)는 절대로 질리지 않는 자연의 컬러를 담고 있다. 프라마의 디자인 철학은 자연 재료와 단순한 기하학 그리고 영구성에 집중한다. 그래서 그들은 주로 목재, 석재, 금속, 유리, 코르크 등 자연의 단일 소재를 많이 사용하고 이 재료들의 조합을 통해 그들만의 크리에이티브를 완성한다.

시간이 빠르게 혹은 천천히 가게 하는 컬러

오프라인 매장이 살아남기 위한 첫 번째 미션은 온라인 쇼핑에 빠진 고객들을 집에서 나오게 하는 것 그리고 오래도록 매장에 머무르게 하는 것이다. 고객의 매장 체류 시간이 길어질수록 구매 확률은 높아진다. 그래서 생겨난 '복합 쇼핑몰'은 한 공간에서 영화를 보고, 밥을 먹고, 커피를 마시고, 쇼핑하면서 온종일 시간을 보내고 소비를 할 수 있도록 만들어진 곳이다.

고객의 매장 체류 시간을 늘리기 위한 오프라인 매장의 생존 전략은 점점 더 다양해지고 치밀해진다. 하남 스타필드는 주차료가 무료여서 주말이면 여유롭게 종일 시간을 보낼 수 있다. '삐에로 쇼핑'은 미로처럼 어지러운 동선 속에서 보물찾기하듯 제품을 찾느라 매장에 더 오래 머무르게 된다. 직원 유니폼 등판에는 '저도 그거 어딨는지 모릅니다'라고 쓰여 있을 정도로 약 4만 개 제품 속에서 원하는 걸 찾는 데는 엄청난 시간이 걸린다. 몇 시간이고 눈치 보지 않고 앉아서 책을 읽을 수 있는 대규모의 별마당 도서관 덕분에 사람들은 오늘도 코엑스몰로 향한다. 그리고 아무도 눈치채지 못하게 사람들이 더 오래 매장에 머무를 수 있도록 조용히 제 역할을 톡톡히 하는 컬러도 있다.

오랫동안 머무르고 싶은 공간
컬러의 비밀, 조명

파리 사람들이 가장 선호하는 '르 봉 마르셰(Le Bon Marché)'는 1852년 설립된 세계에서 가장 오래된 현대식 백화점으로 현재는 LVMH 그룹이 소유하고 있다. 그곳의 식품관 '라 그랑데 에피스리 드 파리(La Grande Epicerie de Paris)'는 다양한 식재료를 갖추고 있는 고급 식품관으로 유명한데, 무엇보다 아늑하고 편안한 분위기 속에서 여유로운 장보기 시간을 가질 수 있다.

2012년 르 봉 마르셰는 새로운 리테일 공간 발타자르(Balthazar)를 완성하기 위해 매장 지하와 푸드홀을 연결시키는 새로운 와인 판매 코너와 레스토랑 '라 카브(La cave)'를 만드는 프로젝트를 진행했다. 파리지엥의 재능이 담긴 전통적인 인테리어는 유지하면서 적절한 조명 계획을 세우는 것이 리노베이션의 중요한 가이드라인이었다.

550평방미터 공간에 까다롭게 선별한 3,000개의 와인을 갖춘 라 카브는 2012년 크리스마스에 오픈했는데, 고품격 콜렉션의 와인, 양주, 샴페인은 연색성(color rendering)이 높은 LED 조명 아래서 가구들과 어우러져 차분하고 따뜻한 분위기 속에서 돋보였다. 연색성이란 조명이 물체의 색감에 영향을 미치는 현상으로 조명마다 가지고 있는 분광 에너지 분포가 달라서 같은 색의 물체라도 조명에 따라 물체색이 달라 보이는 성질을 말한다. 예를 들어 태양광은 빨강에서 보라까지 모두 비등한 에너지를 가지고 있기 때문에 균등한 광원색으로 완전한 연색성을 가지고 있지만, 형광등은 파랑에서 보라까지의 에너지가 강하기 때문에 물체가 실제보다 더 푸른빛을 띠게 되고 이런 경우 연색성이 좋지 않다고 한다.

연색 지수(CRI, Color Rendering Index)는 인공 광원이 물체의 색을 자연광과 얼마나 비슷하게 보여주는지를 나타내는 지수다. 연색 지수는 0에서부터 100까지가 있고 자연광이 100이기 때문에 연색 지수가 100에 가까울수록 가장 자연스러운 빛을 낸다고 할 수 있다. 일상생활에서는 연색 지수 70 정도의 조명이면 적절하고 같은 LED도 기술력에 따라 연색 지수의 차이가 나기 때문에 잘 따져보아야 한다.

세 개로 나누어진 쇼핑 공간은 각기 다른 조명으로, 동굴 같은 공간은 '따뜻한 화이트', 원형 홀은 '뉴트럴 화이트', 중앙 아트리움 공간은 '차갑고 은은한 화이트'를 설치해 자연스럽게 빛의 변화에 따라 공간을 이동할 수 있게 하였다. 중앙 아트리움의 차가운 화이트 조명은 인상적인 유리 돔 모양의 채광창에 맞추어 선택되었는데, 이것은 빌딩 중심을 가로지르면서 건물 끝에 있는 식료품 코너와 레스토랑 그리고 이벤트 공간 끝까지 자연광을 비출 수 있도록 설계되었다.

●● 고객들이 느긋하고 편안한 쇼핑을 즐기며 더 많은 시간을 보낼 수 있게 하는
　첫 번째 전략은 조명이다.

빨리 음식을 먹게 만드는 컬러

패스트푸드 레스토랑은 빠른 회전율을 위해 고객들이 빨리 햄버거를 먹고 나갈 수 있게 하여야 한다. 빠른 비트의 시끄러운 음악과 강렬한 레드 컬러와 밝은 조명의 인테리어는 사람들이 좀처럼 느긋하게 식사를 할 수 없게 만든다.

패스트푸드의 대명사 맥도날드(Macdonald)는 전 세계적으로 분 웰빙 붐과 함께 정크 푸드로 몰락했다. 그리고 새로운 생존전략으로 맥카페와 시그니처 수제 햄버거 메뉴를 선보이며 지속해서 고객을 유지하고자 애쓰고 있다. 인테리어 디자인도 과기에 의자와 벽을 선명한 레드 컬러에 광택 나는 질감으로 마감해 전형적인 패스트푸드 레스토랑의 분위기를 연출했었다면, 이제는 조금 더 세련되고 편안한 분위기로 리뉴얼된 매장들을 선보이고 있다.

그중 파리 샹젤리제에 문을 연 맥도날드는 프랑스 디자이너 패트릭 노르겟(Patrick Norguet)과 함께 작업해 기존의 패스트푸드 레스토랑과는 전혀 다른 모습으로 탄생했다.

2011년 오픈한 이 매장은 2년 동안 고객의 습관을 관찰하고 새로운 기술을 연구해 결합한 결과물로, 노출 콘크리트와 금속판, 금속망 그리고 컬러풀한 플라스틱으로 씌워진 천장형 조명으로 완성된 인테리어는 매우 트렌디한 바 같은 분위기를 연출한다. 이 매장만을 위해 특별히 디자인된 높은 탁자와 목재로 만들어진 벤치, 밝은 컬러들의 쿠션과 의자를 두어 고객의 편의와 감성에 세심한 배려를 더했다. 전

채도가 높은 현란한 컬러는 시끄러운 음악을 틀어놓은 것과 같은 효과를 만들어낸다.

체적인 조도는 낮아져서 한층 안정감 있는 분위기를 연출하지만 벽과 천장을 둘러싸고 있는 레드, 옐로, 블루 컬러의 현란한 패치워크 디자인의 플라스틱 패널은 여전히 패스트푸드 레스토랑의 본질을 표현하고 있다.

컬러는 시간을 지배한다. 빨간 방에서는 시간이 빨리 가고 파란 방에서는 시간이 천천히 간다. 고객을 매장에 오래 머무르게 하고 싶을 때에는 차가운 컬러와 조명을 사용하고, 빨리 떠나게 하고 싶을 때에는 따뜻한 컬러와 조명을 활용하면 좋다.

뇌 과학을 기반으로 한 뉴로 마케팅(neuro marketing)은 고객이 매장에 더 오래 머무르게 하려고 매장의 시계와 창문을 없앴다. 그래서 오늘도 사람들은 시간이 단절된 쇼핑 공간에서 시간을 잊고 쇼핑을 즐긴다. 컬러도 목적에 따라 고객의 심리적인 시간을 변화시키는 데 유용하게 사용될 수 있다.

유행 컬러
VS
스테디 컬러

2017년부터 큰 붐을 일으켰던 롱패딩은 이제 전 국민이 하나씩 가지고 있는 국민 아이템이 되었다. 김밥 패딩이라고 불릴 만큼 검은색 일색이었던 롱패딩이 2018년 겨울에는 비비드하고 화려한 컬러로 돌아왔다. 게다가 컬러풀한 숏패딩까지 유행이라고 하니 이번에는 또 어떤 컬러를 골라야 할지 고민이다.

유행은 소비를 일으킨다. 컬러도 마찬가지다. 유행색은 소비되고 시간이 지나면 또 다른 유행색으로 대체된다. 어떤 컬러가 유행을 시작하면 여기저기서 그 컬러로 새로 단장한 제품들이 쏟아져 나오면서, 어느새 그 컬러가 눈에 들어오게 된다. 온통 그 컬러로 물들다가도 어느 날에는 온데간데없이 자취를 감춰버린다. 세상에 아름답지 않은 컬러는 없다. 모든 컬러는 각자의 매력을 가지고 있기 때문에 그 매력을 알게 되면 그 컬러를 좋아할 수밖에 없다.

가장 쉽게 유행색을
즐기는 방법

이케아의 등장과 함께 유행처럼 시작된 DIY는 어느새 많은 사람의 생활이 되었다. 처음에는 몇 백 개나 되는 나사와 볼트로 책장과 책상을 만드는 일이 절대 불가능하다고 느꼈지만, 몇 번 해보고 나니 해볼 만하다. 게다가 페인트는 혼자서도 가장 손쉽게 할 수 있는 작업으로 기본적인 도구들만 갖추면 몇 시간 만에 최근 유행하는 컬러로 공간의 분위기를 변화시킬 수 있다.

1925년 설립된 미국 페인트 회사 던애드워드페인트는(Dunn-Edwards Paints)는 아름답고 다채로운 컬러만큼 원료 또한 친환경적으로 만들어져 실외는 물론이고 실내도 안전하게 사용할 수 있다. 약 1,996가지에 이르는 컬러는 무엇보다 발림성이 좋아서 한 번만 발라도 선명한 컬러가 재현된다. 또 샘플 사이즈를 먼저 주문해서 테스트한 후 주문할 수 있기 때문에 컬러를 잘못 선택해서 실패할 확률을 줄여준다.

페인트를 고를 때 컬러만큼 중요한 것은 제품 광도다. 무광(Flat 10)부터 계란광(Eggshell 30), 고광(Gloss 60) 등 6단계로 구분된 광도는 같은 컬러라고 해도 빛 반사율이 달라 전혀 다른 분위기를 연출한다. 일반적으로 광도가 낮으면 고급스러운 느낌을 주지만 오염도에 약하고,

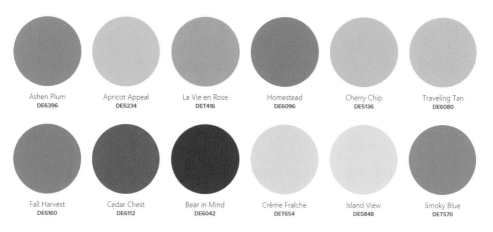

●● 2019년 던애드워드페인트가 제안하는 컬러는 은은한 색감으로 우아하고 세련된 분위기를 만들어
준다. 사진은 2019년 컬러 트렌드 '시적인 흐름(Poetic Passage)'이다.

광도가 높을수록 빛 반사율이 높아져 밝은 분위기를 연출한다.

2019년 던애드워드페인트가 제안하는 2019년 트렌드 컬러의 테마는 활기 넘치는 여행(Spirited Journey)이다. 우주로 도시로 전원으로 떠나는 여행 속에서 밝고 생기 가득한 아름다운 컬러를 만나게 된다. 그리고 그 컬러는 다시 우리의 공간으로 들어와 일상에 건강한 에너지를 선사한다.

페인트 컬러는 공간에 새로운 기운을 북돋아주는 특별한 힘이 있다. 만약 최근 손님이 뜸해졌거나 매출이 부진하다거나 새 단장이 필요한 시기가 되었다면 한쪽 벽면이나 윈도우 디스플레이 공간을 올해의 유행색으로 칠해 잠시 분위기를 바꿔보는 건 어떨까? 분명 과감한 변화는 새로운 소비를 불러일으킬 것이다.

오래도록 사랑받는
자연의 색

인류 역사에서 가장 오랜 시간 사랑받는 제품의 스테디 컬러는 역시 '우드 컬러'가 아닐까? 몇백 년의 시간이 지나도 우드의 컬러 팔레트는 변함이 없고, 그 컬러 역시 시간이 지날수록 멋을 더해갈 뿐, 결코 그 어떤 유행색과 비교해도 밀리지 않는 경쟁력을 가지고 있다. 하지만 대부분의 우드 소재는 가구, 생활 소품, 인테리어 자재의 컬러로 쓰일 뿐 그 밖의 아이템에서는 찾아보기 어렵다.

파리의 마레지구 메르시(Merci) 백화점의 문구 코너에서 발견한 브랜드 오르에(orée)의 우드 키보드는 한눈에 반해버릴 만큼 매력적인 제품이다. 게다가 손끝에서 느껴지는 그 따뜻한 기운과 부드러운 터치감은 플라스틱 자판과는 비교할 수 없는 마력이 있었다.

프랑스의 스타트업 회사 오르에는 키보드 자판과 트랙패드 그리고 스마트폰 충전기까지 각종 컴퓨터 주변기기를 우드 소재로 만든다. 애플의 모든 기기는 멋진(cool) 만큼 차갑기(cool) 때문에 좀더 따뜻한 기운을 전하는 제품을 만들고 싶었다는 그들은 그 철학을 완벽하게 제품에 녹여냈다.

밝은 톤의 '메이플'과 어두운 톤의 '월넛' 우드 중 선택해서 구매할 수 있고 핸드메이드로 만들어지는 이 제품은 이름이나 메시지, 디자인을 각인해주는 서비스도 함께 제공한다. 종일 컴퓨터 자판을 두드리는 사람들의 피로감을 덜어줄 우드 키보드, 눈으로도 손끝으로도 따뜻함이 전해지는 이 컬러는 차가운 테크놀로지 제품에 자연의 온

오래도록 사랑받는 컬러는 두드러지지 않지만 매일 곁에 두어도 질리지 않고 편안함을 준다.

기를 더해준다.

모든 컬러는 나름대로의 의미와 매력을 가지고 있다. 유행 컬러이든 스테디 컬러이든 그 어떤 컬러이든 선택은 당신에게 달려 있다. 하지만 무엇이든 즐길 줄 아는 당신이 그 속에서 더 많은 영감과 가치를 얻을 수 있다는 것은 틀림이 없다.

꽃은 특별한 날을 빛내주는 꼭 필요한 존재다. 몇 년 전 1년간 배웠던 플라워 디자인은 정서적인 안정을 가져다주었다. 다채로운 컬러의 꽃들은 굳이 어떤 형태를 만들지 않아도 보는 것만으로도 설레며 기분이 좋아진다. 자연이 만들어낸 완벽한 컬러와 형태는 대자연이 얼마나 위대한 디자이너인지를 인정하게 한다.

일상에서 매일 꽃을 가까이 두고 지낸다면 정말 행복한 일이지만 생각만큼 쉽지 않은 일이다. 하지만 무엇인가 축하하는 자리에 전해지는 꽃다발은 분명 분위기를 띄우는 역할을 한다. 그래서 생일이나 졸업식이나 결혼식 등 특별한 날에는 꽃이 필요하다. 보는 즐거움에 먹는 즐거움을 더하면 행복감은 배가된다.

특별한 날 분위기를
띄우는 컬러

2017년 맨해튼에 오픈한 플라워숍(flour shop)은 꽃(flower)이 아닌 밀가루(flour)를 이용해 무지개 빛깔 케이크를 만드는 베이커리다. 패션 업계에서 일하던 아미라 카심(Amirah Kassem)은 패션 업계가 기대했던 것만큼 크리에이티브하지 않다는 걸 깨닫고 자신이 좋아하던 빵 만드는 일을 시작했다.

매장도 없이 브루클린의 한 아파트에서 만들어진 알록달록한 케이크들은 인스타그램에서 화제가 되면서 5년 만에 가장 인스타그래머블한 케이크로 유명해졌다. 사라 제시카 파커나 비욘세 같은 셀레브리티들이 주문하기 시작하고 수많은 패션지와의 인터뷰가 쏟아지면서 뉴욕에서 가장 핫한 케이크가 되었다.

플라워숍을 유명하게 만들어준 일등공신은 '무지개 폭발 케이크

•• 다채로운 컬러는 더 강력한 시각적 자극을 통해 흥분 지수를 높여준다.

(Rainbow Explosion Cake)'다. 케이크를 자르면 마치 오색 빛깔 불꽃이 터지듯 빵 속에서 터져 나오는 알록달록한 스프링클스(케이크 장식용으로 뿌리는 설탕가루)가 예상치 못했던 깜짝 이벤트를 보여준다. 누구도 이 장면을 보고 즐거워하지 않을 수 없다. 언제나 일곱 빛깔 무지개와 풍선 그리고 형형색색의 케이크들이 가득한 맨해튼의 숍은 일 년 내내 생일 파티를 하는 분위기다. 특별한 기억들은 특별한 추억이 된다. 그리고 그날의 두근거림과 흥분은 무지개 빛깔 컬러와 함께 더 오래 기억 속에 남는다.

선물에 어울리는
특별한 컬러

특별한 날에는 역시 선물이 필요하다. 선물은 받는 사람도 주는 사람도 기분 좋게 만든다. 그런데 선물을 고르는 것은 세상에서 가장 어려운 숙제 중 하나다. 받는 사람이 완벽하게 만족하는 선물을 고르는 것은 참 어렵다. 받는 사람은 자신의 취향에 꼭 맞는 물건을 받는 것이라기보다 상대의 정성과 마음을 받는 데 더 의미가 있는 것이 아닐까. 선물로 가장 좋은 아이템은 현금을 제외하면 사용자의 취향이 크게 반영되지 않는 독특한 디자인의 일용품이다. 선뜻 자기 돈을 주고 사기는 어렵지만 선물로 받으면 기분이 좋고 기억에도 남는 아이템이 선물로 가장 적절할 것이다.

여기저기 파리 거리를 걷다 보면 컬러풀한 쇼윈도 선반 위에 빼곡

●● 선명한 컬러는 더 강렬한 시각적 기억으로 남는다.

하게 진열된 각양각색의 소품에 눈길을 빼앗기게 되는 곳이 있다. 바로 1985년 문을 연 기프트숍 필론(Pylones)이다. 화려한 비비드 컬러와 프렌치 감성이 녹아든 일러스트 디자인이 특징이다. 스마트폰 주변 기기에서부터 여행용품, 뷰티 소품, 생활용품, 패션소품, 사무용품 등 등 다양한 제품을 갖추고 있는데 무엇보다 선물용으로 좋은 아이템이 많다.

컬러는 상황에 따라 다르게 쓰일 수 있다. 공식적인 비즈니스 회의에 참석할 때에는 보통 블랙, 네이비, 그레이 등 단정한 컬러의 정장을 입는 것이 매너이고, 결혼식장에 갈 때에는 흰색 옷을 제외한 차분한 컬러의 옷을 입는 것이 주인공 신부에 대한 배려이며, 장례식장에는 고인에 대한 조의를 표하기 위해 검은색 옷을 입는 것이 관례이며, 친구의 생일 파티라면 당연히 밝고 화려한 컬러의 옷을 입는 것이 적당하다.

어떤 파티는 드레스 코드로 컬러를 맞추기도 한다. 예전 한 잡지사에서 진행했던 파티는 오렌지 컬러가 드레스 코드였는데 오렌지 스커트, 오렌지 스타킹, 오렌지 스카프, 오렌지 헤어핀 등으로 코디한 사람들, 오렌지 인테리어 소품, 오렌지 포장지의 선물 등. 한참이나 시간이 지난 지금도 그날의 선명한 오렌지 컬러가 기억에 남아 있다.

당신의 제품이 어떤 특별한 상황이나 특별한 날에 쓰인다면 당연히 그날에 적절하게 어울리는 컬러를 선택해야 한다. 각 컬러가 연출하는 이미지를 제품에 잘 녹여낼 수 있다면 특별한 날에 그 컬러는 더욱 빛을 발할 것이다.

소비자는 브랜드의 모든 것을 기억하지 않는다. 너무 많은 것을 이야기하는 것도 너무 많은 것을 보여주는 것도 다 욕심일 뿐이다. 당신의 고객이 당신의 브랜드에 관한 단 한 가지만이라도 기억해낼 수 있다면 당신은 성공한 것이다. 그렇다면 고객이 무엇을 기억하게 만들어야 할까? 가장 기억하기 쉬운 것, 그것이 가장 쉬운 방법이 아닐까?

우리의 시각은 형태, 컬러, 문자 순으로 사물을 인식한다. 그중 컬러는 감성을 자극하기 때문에 인지도를 높이는 데 가장 큰 영향을 미칠 수 있다. 단 한 번 다녀온 장소를 다시 떠올릴 때 우리는 제일 먼저 컬러를 연상한다. 가게 이름이나 로고 모양은 잘 기억나지 않지만 컬러만큼은 선명하게 기억에 남는다. 그래서 사람들은 "그 빨간색 간판 식당의 음식이 맛있었는데" "파란색 문의 옷가게 옷들이 예뻤는데"라

단순하고 명쾌한 컬러는 특정 장소를 각인시키는 중요한 단서가 된다.

고 말한다. 브랜드 아이덴티티는 이러한 기억의 알고리즘을 기반으로 설계된다.

브랜드 아이덴티티는 시각을 통해 가장 먼저 인지된다. 브랜드 아이덴티란 브랜드를 상징하고 차별화하는 요소로 브랜드의 핵심적 가치와 비전이 담겨 있어야 한다. 특히 브랜드 컬러는 그러한 브랜드의 정신을 상징적으로 보여준다. 그린은 균형과 성장을, 오렌지는 활력과 직감을, 퍼플은 창조와 상상의 메시지를 전달한다.

제품만큼이나 브랜드가 넘쳐나는 시대에 고객의 시선을 사로잡고 머무르게 하고 다시 기억하게 하려면 무엇보다 차별화가 중요한데 이것은 단순하고 명쾌할수록 더 강력한 힘을 발휘한다. 컬러도 쉽게 말해야 이해하고 기억하기 쉽다. 로고 컬러도 2가지 이상의 멀티 컬러보다 단일색으로 이루어진 브랜드가 인지도를 높이는 데 유리하다.

스타벅스 로고의
똑똑한 진화

전 세계 커피전문점을 평정한 스타벅스는 세 명의 커피 애호가인 고든 보커(Gordon Bowker), 제리 볼드윈(Jerry Baldwin), 지브 시글(Zev Siegl)에 의해 1971년 미국 시애틀의 지역 시장인 파이크 플레이스 마켓(Pike Place Market)에서 시작된 프랜차이즈 커피전문점이다.

스타벅스 이름은 소설 《모비딕(Moby Dick)》의 등장인물 스타벅(Starbuck, 커피를 사랑한 일등 항해사)의 이름에서 유래했고, 브랜드 마크는

● ● 회색 빌딩 숲 사이로 저 멀리 딥 그린 컬러의 동그란 간판만을 보고도 사람들은 쉽게 스타벅스 매
　　장을 찾아낼 수 있다.

아름다운 노랫소리로 뱃사람들을 홀려 죽게 했다고 하는 그리스 신화에 등장하는 바다의 요정 '사이렌(Siren)'을 모티브로 만들어졌다.

이 브랜드 심볼은 1971년 창립 이래 여러 번의 리뉴얼을 통해 지금의 모습을 갖추게 되었는데, 흥미로운 사실 하나는 스타벅스의 최초 로고 컬러는 딥 그린(deep green) 컬러가 아니었다는 것이다. 처음 만들어진 로고의 컬러는 커피 브라운이었고 사이렌의 모습도 더 사실적이었다.

1987년 하워드 슐츠(Howard Schultz)의 스타벅스 인수와 함께 스타벅스의 시그니처 컬러가 성장, 번영, 신선함을 상징하는 '딥 그린' 컬러로 바뀌었다. 하지만 사이렌의 이미지는 여전히 블랙 배경에 화이트로 남아 있었는데 2011년 엠블럼에서 문자 로고를 분리시키면서 단일색 딥 그린만이 남게 되었다. 스타벅스 로고의 변천사를 보면 누구나 느끼겠지만 컬러뿐만 아니라 일러스트의 라인과 요소가 보다 간결해지면서 훨씬 더 주목도와 인지도를 높일 수 있도록 업그레이드되었다. 단순한 것은 언제나 친절하고 아름답다.

파란 병 커피
블루보틀

사람들은 언제나 새로운 것을 찾는다. 스타벅스의 신메뉴도 리워드 프로그램과 사이렌 오더도 지친 마음을 달래주었던 딥 그린의 사이렌 간판에도 더 이상 감흥이 없다. 무엇인가 신선한 자극이 필요하다. 특히 유행과 트렌드에 민감한 한국의 소비자들은 뉴욕에서 도쿄에서 발견한 파란 병 커피, '블루보틀(Blue Bottle)'에 어느새 마음을 빼앗겼다.

커피업계의 '애플' 혹은 '블루칩'으로 불리는 블루보틀은 미국 스페셜티커피협회(커피의 기준을 만들고 관련 대회와 전시회를 개최하는 비영리 단체)가 80점 이상을 준 고품질 원두를 드립 방식으로 제공하는 '스페셜티 커피(specialty coffee, 특수하고 이상적인 기후에서 재배되며, 풍미와 맛이 독특하고 결점이 없으며, 기준에 따라 엄격히 분류되고 관리되는 커피)' 전문점이다.

1600년대 유럽 최초의 커피하우스 이름을 딴 블루보틀은 입소문과 함께 미국 전역으로 매장을 확대되고 몇 차례의 투자를 받다가 결국 2017년 세계적인 식음료 회사 네슬레에 4억 2,500만 달러에 인수되었다. 블루보틀 설립자인 제임스 프리먼은 무엇보다 진심으로 손님을 접대하는 일본 문화인 '오모테나시(진심으로 손님을 접대한다는 뜻의 일본어)'에서 영감을 얻어 천천히 정성을 다해 만든 커피를 고객에게 제공하는 블루보틀만의 커피 미학을 완성했다.

모든 컵은 친환경 재료로 만들어졌고, 원두 역시 유기농이다. 무엇보다 초미니멀리즘으로 디자인된 이 브랜드는 그저 삐뚤삐뚤하게 손으로 그린 듯한 '파란 병' 하나가 유일한 브랜드 아이덴티티다. 신선한 커피와 완전한 휴식을 연상시키는 블루 컬러는 어두운 컬러 일색이었던 기존 커피 브랜드들과 대비되어 산뜻하고 새로운 감성으로 사람들에게 다가갔다. 그리고 이 단순한 파란 병 하나는 강렬하게 소비자의 뇌리에 박히고 깊이 새겨져 지워지지 않는 잔상이 되었다.

내 기억의 유일한 단서로 남은 컬러 하나가 나를 그곳으로 이끌어준다.

    사실 스페셜티 커피 전문점은 어디든 많다. 하지만 더 맛있고 더 고급스러운 커피는 중요하지 않다. 브랜드 컬러는 브랜드의 가치와 비전을 상징하며 소비자의 기억 장치를 가동시킨다. 브랜드는 고객과의 접점을 통해 브랜드를 성장시키고 자산을 키워간다. 이것은 하나의 로고 디자인에서 끝나는 것이 아니라 지속적인 관계 형성을 통해 이루어지는데 무엇보다 브랜드가 강력한 비주얼 아이덴티티와 일관된 목소리로 말할 때 소비자는 브랜드를 인지하고 기억하고 다시 찾게 된다.

    모든 브랜드 경험은 로고라고 하는 작은 마크에 집약되어 어마어마한 충성도를 발휘하게 된다. 고객 충성도가 높은 브랜드는 어딘가에 로고 하나만을 새겨도 고객을 집중시키고 끌어모으고 지갑을 열게 한다. 이제는 당신의 브랜드를 기억하게 하여줄 단 하나의 브랜드 컬러를 결정해야 할 때다.

먼저 당신의 브랜드가 당신의 고객을 위해 추구하는 가치와 비전을 규정하고, 그다음 경쟁사과 구별될 수 있는 차별화를 찾는다. 그리고 그 컬러가 어떤 장소에서 어떤 매체를 통해 어떻게 쓰이며 어떻게 보이는가를 시뮬레이션해본다. 컬러는 거짓말을 하지 않는다. 컬러는 보이는 그대로 진실한 메시지를 전달한다. 그래서 그 명쾌하고 솔직한 언어는 우리의 기억 속에 더 선명하게 남게 된다.

올해의 색

팬톤(Pantone LLC.)은 컬러 시스템을 체계화·표준화하고 다양한 산업 분야에 컬러를 제안하는 미국의 색채 전문 기업이다. 팬톤사는 매년 12월 첫째 주 다양한 사회 경제적 지표 및 트렌드 분석을 통해 '올해의 색(Color of the year)'을 선정해 발표한다. 그리고 그 컬러는 다양한 산업 분야에 영향을 미쳐 패션, 인테리어의 신제품 컬러로 반영된다.

2015년 숙성된 와인의 컬러 '마살라(Marsala)'는 고혹적인 매력으로 수많은 패션과 뷰티 브랜드의 컬러로 재탄생했고, 2016년 사랑스러운 핑크빛 컬러 '로즈 쿼츠(Rose Quartz)'와 '세레니티(Serenity)'의 그러데이션 컬러는 사람들의 마음에 로맨틱한 감성을 불어넣었다. 2017년 자연의 풍요로움을 담은 '그리너리(Greenery)'는 각박한 도시 생활에 지친 이들에게 휴식이 되었으며, 2018년 우주의 신비한 힘을 느끼게 하는 '울트라바이올렛(Ultra Violet)'은 창의력과 예지력을 북돋았다.

팬톤이 선정한 2019년의 컬러는 '리빙 코랄(living coral)'이다. 살아있는 산호초에서 영감을 받은 이 컬러는 황금빛에 주황 색조를 더한 자연의 컬러로 따뜻하면서도 편안한 느낌을 준다. 리빙 코랄은 어디서나 눈에 띄는 컬러로 사람들의 시선을 주목시키고, 기분 전환을 돕는 활기 넘치는 살아있는 컬러다.

여러 가지 컬러 매칭을 통해 보다 다양한 분위기를 만들어낼 수 있다. 먼저 보색 대비를 이루는 튀르쿠아즈 블루나 틸 블루와의 매칭은 강렬하면서도 매혹적인 분위기를, 그레이나 블랙 같은 무채색과 매칭은 세련되며 감각적인 분위기를, 아이보리나 베이지 등 유사색과의 조화는 차분하면서 따뜻한 분위기를 연출한다.

6

KEEP CHANGING COLOR

_____

지속적인
컬러 변화로
구매 욕구를
자극한다

Keep
Changing
Color

최근 드라마로 재각색된 영화 〈뷰티인사이드〉는 칸 국제 광고제와 클리오 국제 광고제에서 그랑프리를 휩쓴 인텔과 도시바 콜라보 캠페인의 소셜 필름이 원작이다. 여주인공 이수는 매일 외모가 바뀌는 남자 친구 진우로 인해 계속되는 혼란 속에서 괴로워하지만 결국에는 변하지 않았던 진우의 마음을 깨닫게 된다.

이수가 "오늘의 나는 어제의 나와 같은 걸까?"라고 자문했던 것처럼 외모이건 내면이건 우리는 늘 변화를 겪지만 결국 본질은 변하지 않는다. 하지만 일상의 작은 자극이나 변화들은 그 본질이 더 단단해지고 더 오래 버틸 수 있도록 도와준다. 매일의 기분과 상황에 맞추어 컬러는 다르게 제안될 수 있다. 각각의 컬러가 가지고 있는 각기 다른 에너지는 우리의 지루한 일상에 신선한 활력소가 될 수 있다.

기분 따라 컬러별로
골라먹는 잼

레드는 체력이나 기운이 부족한 사람에게 활력을 불어넣는 컬러다. 분노가 쌓였을 때 레드 컬러를 통해 나쁜 기운을 발산하고 균형을 회복한다. 핑크는 화를 가라앉히고, 마음의 상처를 위로해주며, 사랑받는 기분을 느끼게 해주는 컬러다. 오렌지는 사교성을 북돋고 즐거운 에너지를 충전해주며 장이 약한 사람에게 도움이 되는 컬러다. 브라운은 마음을 차분하게 가라앉혀주고 불만을 없애며, 옐로는 긍정적인 기운을 주고 기분을 밝게 만들어주며 피로한 뇌를 쉬게 해주는 효과가 있다. 그린은 몸의 균형을 바로 잡아주고 피로 회복 효과가 있으며, 블루는 정신적 스트레스와 두통을 완화시키며 평온함을 주고, 냉정한 판단을 할 수 있게 해준다. 퍼플은 상처받은 세포를 복구시켜주고 여성 호르몬 분비를 돕는다. 화이트는 마음을 정화해주고 복잡한 문제를 단순하게 만들어주며, 블랙은 정신적 압박이나 불안감을 느낄 때 도움이 된다. 컬러마다 가지고 있는 각기 다른 파장과 심리 효과는 우리가 컬러를 이용해 몸과 마음을 케어할 수 있도록 도와준다.

요즘 주목받는 뷰티 아이템 네일 폴리시(nail poish)는 여성들의 기분 전환 아이템 중 하나다. 그때그때 기분에 따라 컬러를 고르는 재미는 맛있는 디저트를 먹는 것만큼이나 행복감을 선사한다. 먹는 디저트도 눈으로 보는 즐거움이 크다. 그래서 시각적으로 예쁜 디저트가 언제나 더 맛있는 법이다.

● ● 마음이 끌리는 컬러가 지금 내게 필요한 컬러 에너지를 담고 있으니 컬러를 선택할 때에는 자신의 기분과 직감을 따라가도 된다.

네일 폴리시처럼 각진 블랙 캡과 미니 큐브 모양의 유리병으로 디자인된 포코아포코(poco a poco)는 20가지가 넘는 다양한 컬러와 맛이 있는 잼이다. '조금씩'이라는 의미가 있는 포코아포코 네일 폴리시 타입은 100g 미니 사이즈로 만들어졌다. 지금까지 잼을 고를 때 딸기잼, 살구잼, 블루베리잼 등 과일 이름을 보고 골랐다면, 포코아포코는 컬러를 보고 잼을 고른다. 물론 잼 뚜껑 위에 어떤 맛인지는 명시되어 있으니 구매 전 확인이 가능하다. 최고의 풍미를 자랑하는 포코아포코 맛의 비결은 과일 커팅 기법. 과일을 통째로 혹은 으깨서 사용하지 않고 적당한 크기로 잘라서 만들었기 때문에 식감이 살아있다. 맛과 컬러의 상호작용과 새로운 접근법을 활용한 제품들은 무료한 일상에 활기를 불어넣는다.

힘들고 지친 사람들을 위한
컬러풀한 음악 처방전

음악은 치유 효과가 있다. 힘들고 슬플 때는 신나는 음악보다 슬픈 음악을 듣는 게 좋다. 왠지 내 맘과 똑같은 가사 그리고 멜로디와 하나 되어 깊은 서러움을 쏟아내고 나면 마음이 후련해진다. 따분하고 지루할 때 듣는 신나는 음악은 역시 활기찬 에너지를 충전해 준다.

과거에 가요보다 팝송을 더 선호하는 경향이 있었다면 이제는 단연 가요가 대중에게 더 큰 인기를 누리고 있다. 전 세계 젊은 세대는 케이팝에 열광한다. 케이팝(K-Pop), 제이팝(J-Pop), 팝(Pop) 등의 인기에 밀려 설 자리를 잃어가는 클래식 음악을 위해 재팬 필하모닉 오케스트라(Japan Philharmonic Orchestra)와 광고회사 비비디오 도쿄(BBDO Tokyo)가 기발한 아이디어를 냈다. 바로 알록달록한 약봉지에 음악을 담아 처방전과 함께 전해주는 클래식 음악, 재팬 필 하모닉(Japan Pill-Harmonic)이다.

약봉지에 담긴 미니 SD 카드 속에는 각기 다른 효과가 있는 클래식 음악이 담겨 있다. 민트 컬러의 12번은 아름다운 피부를 위한 비발디(Vivaldi) 사계 봄(The Four Seasons-Spring), 코발트 블루 컬러의 10번은 기분 좋은 잠자리를 위한 말러(Mahier)의 심포니 10번(Symphony No.10), 레드 컬러의 14번은 입맛을 북돋우는 로시니(Rossini)의 세비야의 이발사(The Barber of Seville), 골드 컬러의 18번은 변비를 위한 브람스(Brahms)의 심포니 1번-제1악장(Symphony No.1-The First Movement)이다.

CHAPTER 6

JAPAN
PILL-HARMONIC

● ● 각각의 약봉지에 적용된 컬러는 심리적 효과를 잘 반영하고 있어서 그 기대 효과는 배가된다.

음악이 그러하듯 컬러도 치유 효과가 있다. 내 마음을 다독여주
는 음악을 좋아하게 되듯, 그날그날 내 기분에 따라 제안되는 컬러
는 삶의 활력소가 된다. 신제품을 개발할 때, 제품의 다양한 기능들
을 설계하듯 컬러의 다채로운 효과들을 활용한 콘셉트를 만들어보는
건 어떨까? 지금까지 생각하지 못했던 전혀 새로운 방법으로 문제를
해결할 수도 있을 것이다. 무엇보다 컬러를 활용해 우리 고객의 기분
맞춤형 제품이나 콘텐츠를 개발할 수 있다면 분명 우리 제품을 절대
적으로 지지해줄 팬덤을 만들 수 있을 것이다.

계절을 깨우는 컬러 알람

계절 변화는 우리에게 새로운 에너지와 기쁨을 선사한다. 그리고 모든 계절 속에는 그 계절만이 가질 수 있는 아름다운 컬러를 가지고 있다. 우리는 그 계절 속에서만 만날 수 있는 컬러를 통해 에너지를 충전한다. 그래서 봄이면 형형색색으로 만발한 꽃을 보러 가고, 여름이면 푸른 바다로 향하고, 가을에는 붉게 물든 단풍구경을 떠나고, 겨울에는 하얀 눈 속에서 보드를 즐긴다. 과일이나 채소도 그 계절에 나오는 것이 그때의 가장 좋은 기운을 담고 있다고 해서 계절 과일이나 채소를 먹는 것이 몸에도 좋다고 한다.

옷차림도 마찬가지다. 봄이면 밝고 화사한 컬러와 하늘거리는 시폰(chiffon) 소재 그리고 무엇보다 플라워 패턴 원피스가 입고 싶다. 여름에는 화이트 컬러가 가장 시원해 보이고 경쾌한 스트라이프 패턴이 잘 어울린다. 가을에는 베이지 컬러의 트렌치 코트나 브라운 계열의 니트 소재가 계절의 멋을 살려준다. 그리고 겨울에는 레드 스웨터나 블랙 모직 코트 그리고 체크 패턴이 예뻐 보인다. 여성들의 메이크업 역시 계절마다 컬러가 달라진다.

계절 변화에 따라 소비자가 움직인다. 그래서 브랜드는 이 계절의 변화에 민감해야 한다. 계절이 바뀌면 제품, 패키징, 비주얼 머천다이징(visual merchandising), 프로모션 등은 계절의 옷을 입어야 한다. 그 계절의 멋을 담고 있는 컬러는 소비자의 감성을 자극하며 또다시 구매를 일으킨다. 봄이 왔는데 여전히 어둡고 무거운 겨울의 컬러를 입고 있다면 좀처럼 눈길이 가지 않는다. 계절의 변화를 가장 먼저 인지하는 것은 우리의 시각이다. 계절의 컬러를 이용하면 소비자의 관심을 집중시킬 수 있다.

봄바람 나게 하는
핑크 꽃잎

일본에서 벚꽃은 봄을 알리는 알람시계와 같다. 3월 말 나가사키에서 시작한 벚꽃은 4월이면 일본 전역을 핑크빛으로 물들이고 5월 초 삿포로에서 막을 내린다. 일본 벚꽃 예상 지도는 3월부터 5월까지 일본 지역에서 벚꽃이 피는 시기를 표기하고 있어 해당 지역에 가장 방문하기 좋은 때를 알려준다. 내국인 관광객뿐만 아니라 수많은 외국인 관광객을 유치하는 일본의 벚꽃 축제는 모든 이의 마음을 설레게 하는 봄의 컬러를 담고 있다.

바람에 흩날리는 분홍빛 꽃잎들은 로맨틱한 분위기를 만들어 괜스레 가슴이 울렁거리게 한다.

벚꽃 시즌이 되면 일본의 수많은 브랜드에서 벚꽃 한정판 제품들을 출시하고 벚꽃 프로모션을 진행한다. 매년 봄, 일본의 스타벅스는 카페에서 봄을 만끽할 수 있는 벚꽃 한정판 음료와 텀블러 등을 출시하고 이 벚꽃 디자인은 매년 새롭게 리뉴얼되어 비슷하지만 또 다른 느낌으로 소비자들에게 다가간다.

1889년 일본 오사카에서 설립된 아사히(Asahi)맥주는 일본 내 시장 점유율이 가장 높은 일본 대표 맥주다. 그중 아사히 슈퍼 드라이(Asahi Super Dry)는 효모를 가라앉혀 발효시키는 '하면발효방식'으로 양조되어 목 넘김이 깨끗하고 청량감이 뛰어나 전 연령층에게 가장 사랑받는 제품이다.

아사히 맥주는 2019년 봄에 봄을 테마로 기간 한정판 '아사히 슈퍼 드라이 스페셜 패키지'를 출시했다. 내용물은 동일하지만 비비드한 핑크 배경 컬러에 페일한 벚꽃이 만개한 이미지를 담고 있는 패키지로 봄 시즌 식사나 파티 분위기를 밝게 만들어줄 제품이다.

2015년 처음 출시했던 봄 한정판 벚꽃 패키지는 여성과 젊은 세대에 폭발적인 반응을 얻어 예상 판매량의 2배가 넘는 총 62만 케이스가 팔렸다. 그래서 2016년에는 한정수량을 7배로 늘렸다. 벚꽃 흩날리는 계절 속에서 좋은 사람들과 하는 맥주 한 잔은 더욱 기분 좋은 휴식을 선사해준다.

최근 국내에서도 많은 브랜드가 벚꽃 한정판을 출시하기 시작했다. 2018년 봄에 출시한 '허니 버터칩 체리 블라썸'은 벚꽃에서 추출한 성분을 넣어 은은한 꽃향기와 달콤한 맛, 그리고 핑크빛을 더한 제품으로 3월부터 4월까지 140만 봉을 한정 수량 판매를 했다. 이마트 역시 체리 블라썸 디자인을 담아 우산과 에코백, 아동용 운동화, 라운지 웨어 등을 한정판으로 제작해 출시했다.

다채로운 컬러보다 한 가지 컬러를 사용하는 도미넌트 컬러(dominant color)는 분위기를 한 번에 지배하는 마력을 가지고 있다. 그리고 봄바람에 가볍게 흩날리는 꽃잎은 가냘프게 보이는 핑크 컬러와 완벽한 조화를 이루어 환상적인 분위기를 연출한다. 그래서 그 어떤 꽃보다 봄의 기운을 전달하기 가장 효과적이기 때문에 마케팅에 많이 활용되고 있다.

우리나라 국민의 부지런함과 빠른 대응력은 뚜렷한 사계절 때문이라는 얘기가 있다. 날씨가 변화하면 그에 대응하기 위해 사람들은 움직일 수밖에 없다. 봄의 나른함에 취할 즈음 어느새 뜨거운 여름이 찾아오고, 지는 가을 낙엽에 사색에 빠지려고 하면 또 어느새 추운 겨울이 시작된다.

계절 변화를 가장 잘 느낄 수 있게 해주는 것은 컬러다. 이 컬러의

●●● 보통 수영장은 더 시원함을 느끼게 하려고 파란색 타일을 사용한다.

변화는 사람들의 일상에 소소한 즐거움을 준다. 사람들은 일 년에 단한 번, 잠시 마주할 수 있는 그 찬란한 계절의 순간 속에서 작은 행복감을 느낀다. 그래서 브랜드 마케팅은 소비자의 그 감성의 핵심에 다가서야 한다. 다음 해의 봄 속에서 혹은 가을 속에서 또 다른 컬러를 발견할 수도 있다. 그것이 사람들의 감성을 자극할 수 있다면 새로운 트렌드가 될 수 있다. 소비자의 마음을 움직일 수 있는 계절의 컬러는 결코 그냥 모른 척할 수 없는 마케팅 전략 중 하나다.

컬러로
리포지셔닝하기

___
03

한동안 길가를 화려하게 장식했던 명품 가방은 어느새 자취를 감추고, 실용적인 에코백이나 로고 없는 견고한 가죽 가방을 메고 다니는 사람들이 눈에 띄게 늘었다. 과거 3초 백으로 대한민국을 지배했던 루이비통(Louis Vuitton)은 명품 가방의 대명사였지만 이제 모노그램(monogram, 루이비통의 이니셜인 'L'과 'V'가 비스듬히 겹쳐지고, 꽃과 별 문양이 번갈아 교체되는 패턴)은 마치 지나버린 유행처럼 느껴져서 왠지 들고 나가기가 망설여진다.

샤넬(Chanel)이나 에르메스(Hermes)는 누구나 선망하는 브랜드이지만 가격 부담 때문에 접근하기 어렵다면, 구찌(Gucci)나 프라다(Prada)는 가격 대비 명품 가방에 대한 만족감을 느낄 수 있는 좀더 대중적인 명품 브랜드다.

영국 리서치 기관 유로모니터(Euro Monitor)에 의하면 2011년까지 구찌의 국내 시장점유율은 2위(13.2퍼센트)로 3위 프라다(10.7퍼센트)를 앞서 있지만 이후 2015년까지 급격한 하락세에 있었다. 매년 구찌 매출은 20퍼센트씩 줄어들고 있었고 큰 변화 없는 구찌의 디자인은 활기를 잃어버렸기 때문에 브랜드 존속을 위해 리포지셔닝이 절실했다. 구찌는 이러한 위기 속에서 새로운 기회를 찾기 위해 과감한 결정을 내리게 된다.

구찌, 화려한 패턴과 컬러로 부활하다

　2015년 1월, 무명의 디자이너 알레산드로 미켈레(Alessandro Michele)를 크리에이티브 디렉터로 임명하는 파격적인 인사 결정으로 결국 구찌는 터닝 포인트를 맞이하게 되었다. 그리고 13년 동안 조용히 묵묵하게 구찌에서 일했던 미켈레는 그동안 잠재우고 있던 자신의 천부적인 재능과 끼를 결국 터뜨리게 된다.

　그동안 구찌가 클래식하고 보수적인 디자인을 고수하고 있었다면, 미켈레는 지금껏 구찌에서는 찾아보기 어려웠던 꽃과 나비, 잠자리, 도마뱀 등 요란한 컬러와 장식으로 구찌에 새로운 에너지를 불어넣었다. 긱 시크(geek chic, 컴퓨터와 기술 매니아들의 괴짜 패션) 스타일로 타 브랜드와 차별화된 포지셔닝을 구축하고, 새로운 소비를 주도하는 밀레니얼 세대를 열광시키며 명품 브랜드의 역사를 다시 쓰고 있다.

● ● 브랜드 컬러 팔레트의 변화는 새로운 이미지를 창조하고 리포지셔닝에 기여할 수 있다.

미켈레의 날개를 단 구찌는 다시 비상하기 시작해 매출은 2015년에 12퍼센트, 2016년에는 17퍼센트 성장했고, '미켈레 효과'로 모기업 케링(Kering)까지 주가가 치솟고 있다. 위기 속에서 변화가 필요할 때, 무엇보다 우리에게 필요한 건 지금까지 시도해보지 않았던 새로움에 대한 도전이다. 컬러 역시 당신의 대담한 도전에 기꺼이 동참할 수 있다.

강한 에너지를 담고 있는
메탈 컬러로 재탄생한 퍼디즈

1988년 론칭한 퍼디즈(Purdey's)는 비타민과 천연추출물로 만든 독특한 맛과 상쾌한 느낌을 주는 음료였다. 처음 출시 당시에는 갈색 시약병에 스타일리시한 실버 메탈릭한 코팅으로 포장되어 판매되었는데 이후 몇 번의 패키지 디자인 리뉴얼이 이루어졌다.

2018년 영국음료회사 브리트빅(Britvic)은 고당도와 카페인이 든 에너지 음료에 질린 소비자를 타깃으로 '멀티비타민 과일 음료'를 '멀티비타민 에너지 음료'로 리포지셔닝했다. 건강한 에너지 음료로 리포지셔닝하여 새로운 소비자들을 끌어들이고, 기존의 소비자들과 소매상에게는 좀더 확실한 인식의 변화를 일으키기 위해 '에너지'를 패키지 디자인에 담았다.

강한 힘이 느껴지는 알루미늄 병에 레드 컬러의 타이포그래피와 그레이 컬러의 포도 일러스트가 어우러져 전혀 새로운 건강 에너지

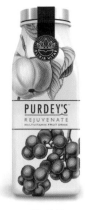

브랜드 컬러 팔레트의 변화
는 새로운 이미지를 창조하
고 리포지셔닝에 기여할 수
있다.

리뉴얼 전   리뉴얼 후

음료의 이미지를 완성했다. 퍼디즈는 신제품 출시와 함께 TV 광고뿐

아니라 런던, 브라이튼, 맨체스터, 버밍엄 등 주요 도시에서 옥외 캠

페인을 진행하며 퍼디즈의 새로운 브랜드 포지셔닝을 알렸다. 브랜

드의 본질은 지키면서 시장의 변화에 맞게 30년간 진화를 거듭해온

퍼디즈는 앞으로 30년, 아니 더 오랜 시간의 생명력으로 살아남을 것

이다.

한 브랜드가 동일한 포지셔닝으로 수십 년 혹은 수백 년의 시간

동안 살아남기는 쉽지 않은 일이다. 필요하다면 적절한 시기에 충분

한 검토와 철저한 전략 수립을 통해 리포지셔닝을 단행해야 한다. 그

렇다면 우리 브랜드의 리포지셔닝을 위해 무엇이 필요할까?

무엇보다 고객의 변화에 대응하는 것이 첫 번째다. 우리 브랜드

의 무엇이 그들을 열광하게 했고, 왜 그들이 우리 브랜드에 냉담해졌

으며, 지금 그들이 원하고 기대하는 것이 무엇인지 알고 그것에 부응

할 수 있는 해답을 찾아야 한다. 이러한 위기의 시기에는 내부 조직도 비슷한 상황일 것이다. 조직원이 느끼는 문제점이 무엇이며 그들이 제안하는 솔루션과 비전이 무엇인지 귀 기울여야 한다.

시장에서 새로운 포지셔닝으로 고객과 가장 효과적으로 소통하는 방법은 브랜드를 시각화할 수 있는 컬러, 이미지, 폰트 등을 업데이트하는 것이다. 로고를 리뉴얼하거나 브랜드 컬러 팔레트를 바꾸거나 새로운 스타일의 사진들을 창조해낼 수도 있다. 그리고 고객에게 전할 새로운 메시지가 필요하다. 그 메시지는 치열한 경쟁 속에서 소비자가 당신의 브랜드를 선택해야 하는 타당한 이유를 담고 있어야 한다.

이렇게 리포지셔닝된 브랜드를 적극적으로 고객들에게 알리는 프로모션이 진행되어야 한다. 캠페인, 광고, PR, 소셜 미디어 등을 활용해 그들의 인식의 전환이 이루어질 수 있도록 도와야 한다.

변화는 새로운 가치를 창조한다. 혹시 당신의 브랜드가 지금 위기를 맞이했다면 새로운 컬러와 함께 브랜드 리포지셔닝 계획을 세워보는 건 어떨까? 당신이 결심만 한다면 그 위기는 또 다른 기회와 가능성을 맞이할 전환점이 될 수도 있다.

보통 신제품을 개발해서 출시하기까지는 오랜 시간과 많은 비용이 든다. 디자인 관점에서 본다면 기본 제품에서 형태를 바꾸는 것은 보통 수천만 원의 금형비가 들기 때문에 접근하기 쉽지 않지만, 기본적으로 컬러는 안료나 염료만 바꾸면 되기 때문에 최소의 비용으로 최대의 효과를 볼 수 있다. 제품 기능의 변화 없이 컬러의 변화만으로도 새로움을 부여할 수 있고, 추가된 기능이나 업그레이드된 기능 역시 컬러를 활용하면 소비자에게 어필하기 쉽다.

1983년 글락소(Glaxo)에서 트리플 액션(triple action)을 콘셉트로 출시된 아쿠아 프레시(Aqua Fresh)는 3가지 컬러의 치약으로 이슈가 되었는데, 화이트는 건강한 치아, 블루는 상쾌한 숨결, 레드는 건강한 잇몸을 상징하지만 사실 이러한 컬러는 성분의 컬러라기보다 마케팅 호소를 위해 쓰인 컬러다. 신제품 개발, 기획 단계에서 새로운 기능들을 소비자들에게 효과적으로 호소하는 방법을 연구하다가 이 3가지 컬러를 채택하게 된 것이다. 기존에 없는 새로움을 부여하기 위해서는 가장 먼저 컬러의 변화가 필요하다.

끊임없는 경쟁 속에서
새롭게 탄생하는 컬러

그 어느 제품보다 가장 치열한 경쟁을 벌이고 있는 것은 역시 스마트폰 시장이다. 새로운 모델이 출시될 때마다 전 세계가 들썩거린다. 출시되기도 전 어디선가 유출된 정보들은 앞으로 출시될 제품들이 어떤 기능과 특징이 있는지 설명해준다. 혁신적인 기능만큼 제품 컬러도 화제가 된다.

무엇보다 아이폰 6S의 히트 컬러인 로즈골드(rose gold)는 그 매력적인 새로운 컬러 때문에 많은 여성에게 사랑을 받았다. 그리고 그것은 다른 제품에까지 확산되어 가전제품, 주얼리, 조명 등 모든 금속제품의 새로운 제품 컬러가 되었고, 생활소품이나 의류, 화장품, 문구류 등 소재와 상관없는 제품들도 로즈 골드 색상의 신제품이 출시되었다. 이후 삼성의 갤럭시 S8 플러스도 로즈핑크(rose pink) 컬러를 선보였다.

2018년 10월 28일에 출시된 아이폰 XR은 한 달 전 출시된 아이폰 XS의 실버, 골드, 스페이스 그레이 컬러와는 전혀 다른 분위기의 비비드한 컬러를 선보였다. 기존에 있던 컬러 화이트, 블랙을 비롯해 비비드한 레드, 블루, 옐로, 코랄까지 총 6가지 컬러다. 특히 아이폰 8부터 한정 컬러로 출시되었던 프로덕트 레드(product red)는 제품 수익금의 일부가 에이즈 퇴치를 위한 기금으로 사용되어 특별히 의미 있는 컬러다.

그렇다면 이에 맞서는 삼성 갤럭시의 컬러는 어떨까? 갤럭시 S8이 출시되었던 2017년 가을, 가을빛 풍경에 가을 감성 가득한 〈델포닉스, 라라는 내가 당신을 사랑한다는 의미예요(The Delfonics - La La Means I Love You)〉 노래와 함께 등장한 버건디 레드는 '계절도 그대도 가장 아름다운 지금'을 위한 완벽한 컬러였다. 그 밖에 미드나잇 블랙, 오키드 그레이, 코랄 블루, 아크틱 실버까지 총 5가지의 컬러가 선보였다.

2018년 3월 출시된 갤럭시 S9은 기존 컬러 버건디 레드와 미드나잇 블랙에 새로운 컬러 코랄 블루, 라일락 퍼플, 선 라이즈 골드, 폴라리스 블루가 더해졌다.

그리고 2019년 3월 출시된 갤럭시 S10은 완전히 새로운 컬러의 옷을 입고 탄생했다. 갤럭시 블랙과 블루는 클래식이 되고, 찬란한 클래식의 컬러로 다시 태어난다는 스토리텔링은 더욱 가슴을 설레게 한다. 프리즘 화이트(prism white), 플라밍고 핑크(famingo pink), 카나리아 옐로(canary yellow), 프리즘 그린(prism green) 그리고 세라믹 화이트(ceramic white) 모두 눈부신 빛을 가득 품고 있는 프리즘의 컬러는 단번에 눈과 마음을 사로잡는다.

신제품에 시선을 집중시키게 만드는 것은
새로운 컬러다.

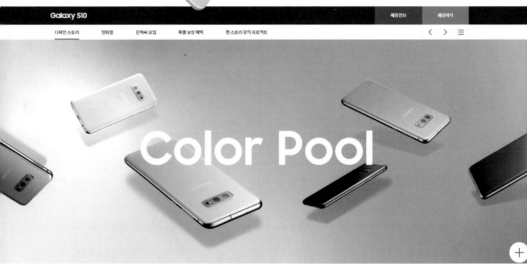

갤럭시의 컬러가 완전히 달라졌다. 컬러로 새롭게 무장한 신제품 갤럭시 S10은 프리즘 컬러로 새
로운 승부수를 던졌다.

신제품의 콘셉트를
잘 살려주는 컬러

가장 경쟁력 있고 리스크가 적은 신제품 개발법은 기존 제품의 기본적인 요소는 유지하되 새로운 기능을 추가하거나 업그레이드하는 것이다. 그때마다 그러한 변화를 잘 설명해줄 수 있는 컬러가 필요하다.

우유도 종류가 다양해져서 최근에는 웰빙 트랜드와 함께 저지방, 무지방 우유들이 출시되었다. 제품의 변화를 가시적으로 만들기 위해 식품 회사들은 컬러를 이용했다. 서울우유는 지방을 빼지 않은 기존의 전유가 초록색이었는데, 신제품 저지방은 파란색, 무지방은 보라색으로 구분하여 출시했다.

한편 매일우유는 전유는 파란색, 저지방은 초록색, 무지방은 핑크색으로 선보여 각각의 컬러 팔레트가 다르다. 표준화된 컬러 법칙은 없지만 각 브랜드의 시그니처 컬러가 이미 있었기 때문에 우선 그것을 기준으로 나머지 우유 컬러가 정해졌다. 해외시장 역시 우유 종류를 구분하는 표준 컬러 시스템은 없지만 통상적으로 많이 쓰이는 컬러가 있다. 전유의 뚜껑이나 라벨 컬러는 레드, 2퍼센트 저지방은 블루, 1퍼센트 저지방은 그린, 무지방은 퍼플이다.

컬러는 새로움을 부여하는 가장 기본적이고 효과적인 툴이다. 얼마 전 이마트 자주(Jaju)의 고무장갑 코너에서 그레이, 네이비, 라이트레드 컬러의 고무장갑을 발견했다. 수십 년 동안 단 한 번도 신제품을 출시한 적 없는 듯한 핑크 컬러 고무장갑이 드디어 신제품을 출시했던 것이다. 나는 정말 기쁜 마음으로 새롭게 선보인 그레이 고무장갑을 사 가지고 집으로 돌아왔다.

　최근 트렌드인 무채색 인테리어에서 핑크색 고무장갑은 정말 눈에 거슬리는 컬러였는데 그러한 니즈에 부합하여 만들어진 게 아닐까. 오래된 가구를 리폼할 때 페인팅을 하면 순식간에 새로운 제품을 만들 수 있다. 신제품을 개발할 때도 컬러를 잘 활용하면 쉽고 효율적으로 새로움을 부여할 수 있다.

오늘 또 지름신이 오셨다. 통장 잔고는 이미 바닥이고, 월급날도 아직 한참 멀었는데, 신용카드는 한도가 없는지 오늘도 기꺼이 결제 승인을 해준다. 이 충동구매를 정당화시켜줄 핑곗거리는 나름대로 많다.

간만의 초특가 세일 행사가 있었고, 하필이면 내가 찜해두었던 제품이 세일을 하고 있었고, 내가 제일 좋아하는 연예인이 광고하는 제품이고, 인스타그램 피드에 계속 올라오는 걸 보니 남들 다 사는 제품인 것 같고, 무엇보다 지금 아니면 절대 구매할 수 없는 한정판이니까, 현재 남은 재고는 하나밖에 없다고 하니까, 게다가 예쁘고 잘생긴 판매 사원의 친절한 응대에 마음이 무장 해제되고 나니 결국 또 지름신과 함께 사고를 치고 만다.

무엇보다 견물생심(見物生心)이다. 집을 나와 쇼핑센터로 들어서는 순간, 모바일 검색을 하다가 배너 광고를 클릭한 순간, 당신은 이미 충동구매의 덫에 걸려들었다.

소비자가 필요하지도 않고 갖고 싶지도 않은 제품을 판매하는 것은 강매이지만, 꼭 필요한 제품은 아닐 수 있지만 결국 갖고 싶다는 충동을 불러일으키는 것은 판매자의 마케팅 기술이다. 구매를 일으킬 때에는 상황에 따라 이성과 감성을 적절하게 조합할 필요가 있다.

이성을 설득할 때에는 '필요성'을 인식시켜야 한다. 새로운 시점으로 이것이 꼭 필요하다고 느끼게 하거나, 새로운 습관으로 새롭게 해야 하는 것들을 발견하게 하거나, 새로운 문제 정의로 이것이 왜 필요한지 생각하게 한다. 전문가로서 필요성을 전달해서 설득할 수도 있다.

감성에 호소할 때에는 욕망을 자극해야 한다. 새로운 생활로 이것을 하고 싶게 만들고, 환상에 의한 매력을 어필해 꼭 갖고 싶게 하고, 거절에 의한 매력도를 높여 어떻게든 갖고 싶게 만든다. 고객들이 동경하는 연예인들을 내세워 따라 하고 싶게 만들어야 한다.

이성과 감성 모두를 작용하게 하려면 '새로운 가치관'으로 마음을 움직이고, 리스크를 강조해서 새로이 해야 하는 것들을 발견하게 하고, 표준 가격을 파괴한 가격으로 제안해 "싸니까 갖고 싶다"라고 만들어야 한다.

컬러로 충동구매를 일으킬 수 있을까? 여러 번 언급했듯이 세일 행사의 빨간색 포스터는 심리적으로 구매 충동을 일으킨다. 알록달

빨간색 세일 포스터는 불변의 진리다.

록한 제품 컬러, 계속 새롭게 변화하는 제품 컬러와 매장의 비주얼 머천다이징, 따뜻한 빛이 가득해 컬러가 살아있는 공간은 충동구매를 일으키는 데 도움이 된다.

소비자는 늘 새로운 컬러와 새로운 디자인을 원한다. 재구매를 할 때마다 매번 똑같은 컬러와 디자인을 보게 된다면 구매 흥미가 떨어진다. 그래서 브랜드들은 적절한 시기에 제품 혹은 패키지 리뉴얼을 진행한다. 하지만 브랜드의 전통적인 디자인이나 시그니처 컬러가 있다면 그 디자인과 컬러를 유지하며 다른 디자인 요소를 활용해 새로움을 부여할 수 있다.

그 어떤 제품보다도 다양한 컬러와 디자인으로 끊임없는 충동구매와 재구매를 일으키는 제품이 있다. 바로 운동화다. 매 시즌 새롭고 유혹적인 컬러와 디자인으로 자꾸만 구매 충동을 자극하는 두 브랜드, 바로 아디다스와 나이키다.

끊임없이 유혹하는
새로운 컬러

아디다스는 운동을 싫어하는 내게 동기를 유발한 브랜드다. 예쁜 운동복은 즐거운 마음으로 헬스장을 향할 수 있도록 도와주었다. 하나씩 사게 된 운동화와 운동복들은 결국 옷장 하나를 가득 채워버렸지만 이제는 운동을 위해 필요하다기보다 어느새 모으는 즐거움이 되어버렸다.

새로운 컬러는 새로운 소비를 불러일으킨다.

2018년 11월 9일, 대구 동성로 아디다스 매장 앞은 한정판 '이지 부스트 350 V2 지브라(Yeezy Boost 350 V2 Zebra)'를 사기 위해 새벽부터 수백 명의 사람들로 북적였다. 물론 당일 온라인 쇼핑몰 역시 접속 폭주로 사이트는 마비되었다. 미국 래퍼이자 프로듀서인 카니예 웨스트(Kanye West)와의 콜라보레이션으로 만들어진 제품으로 국내 정가는 29만 9,000원인데 2015년부터 출시된 인기 시리즈로 중고 시장에서 150만 원에 팔리기도 한다. 이지부스트 350 V2 지브라는 블랙 앤드 화이트 얼룩말 패턴에 사이드에는 레드 컬러로 'SPLY 350' 레터가 새겨져 있는데 신선하면서도 감각적이고 어떤 의상과도 매칭이 쉬운 디자인이다.

유명 셀러브리티와 한정판 그리고 새로운 컬러는 100켤레가 넘는 운동화를 가지고 있는 이들에게 또다시 충동구매와 재구매를 일으키기 충분한 이유가 된다.

운동복에도 캐주얼 혹은 정
장과도 잘 어울리는 이 완벽
한 화이트 컬러는 그 어떤 컬
러보다 폭발적인 사랑을 받
았다.

구매욕 상승시키는 컬러,
트리플 화이트

나이키 러닝 슈즈 라인 에어맥스(Air Max)는 1987년 출시되어 수많
은 시리즈를 만들어냈는데, 그중 1997년 일본의 고속철도 신칸센의
디자인에서 영감을 얻어 크리스찬 트레세(Christian Tresser)에 의해 탄생
한 에어맥스 97(Air Max 97)은 유선형의 디자인, 믹스된 가죽, 발포 고
무와 비저블 에어(visible air, 중창 안에 있는 에어를 겉으로 보이게 한 디자인)가
특징이다.

새롭게 출시될 때마다 선보이는 예쁜 컬러로 20년 넘게 끊임없이
사랑받는 시리즈 중 하나다. 가장 이슈가 되었던 컬러는 눈부실 만큼
깨끗한 올 화이트의 트리플 화이트(triple white) 모델로 패션 피플들의
마음을 단번에 사로잡으며 엄청난 판매를 일으켰다. 대개의 시리즈
는 큰 형태 변화 없이 주로 컬러 변주를 달리해 신제품을 출시하기 때
문에 이 컬러가 얼마나 소비자들의 마음을 사로잡느냐에 따라 신제
품의 성공 여부가 달려 있다.

화이트 스니커즈는 현재 스타일리시한 룩을 위한 필수 아이템이
되었다. 절대적인 지지를 받고 있는 이 컬러는 디자인과 디테일의 변

화를 통해 새로운 구매를 일으킬 수 있다.

컬러를 활용해 구매를 일으키고자 한다면 어떤 컬러이든 특정 아이템을 돋보이게 할 수 있는 근거를 만들고 시각적으로 매력적인 디자인을 완성하는 작업이 필요하다. 어떤 때와 장소 그리고 상황에 어울리는 특별한 컬러를 만들어 제안하는 것도 방법이 될 수 있다. 변함없는 진리는 컬러는 단순한 눈속임이나 유혹의 수단이 아니라 고객의 욕구를 충족시키고 그들의 필요에 대응해야 한다는 것이다. 고객의 마음을 얻을 수 있는 컬러는 상술이 아니라 진정성에서 탄생한다.

구매를 부르는
비주얼
머천다이징

06

변화는 자극을 일으키고 소비를 부추긴다. 매일매일 달라지는 제품들은 계속 구매욕을 일으킨다. 패션 브랜드들은 시즌마다 새로운 디자인을 개발해 신제품을 출시한다. 매장의 달라진 옷들의 디스플레이를 보고 고객들은 또 이번 계절을 위한 옷을 준비해야 한다고 느끼게 된다. SPA 브랜드들은 무엇보다 디자인의 회전율이 빠른데 갈 때마다 옷들이 달라져서 빠른 소비로 이어진다.

온라인 쇼핑의 묘미는 빠르게 다양한 제품을 둘러볼 수 있다는 것이다. 옷 쇼핑은 단 한 번의 클릭으로 해당 제품의 상세 사진을 통해 해당 아이템의 다양한 코디 룩까지 볼 수 있다. 그리고 또 한 번의 클릭을 통해 다른 매장으로 이동해 단 몇 분 만에 그 매장의 제품들을 모두 살펴볼 수 있다. 온라인 쇼핑몰 관리자는 메인 배너 디자인을 자주 바꾸어 매일 다른 모습으로 고객을 유혹한다.

그에 비해 오프라인 매장은 자주 윈도 디스플레이를 바꾸기 어렵다. 하지만 매일 그 매장 앞을 지나가는 사람들이 매일같이 똑같은 모습을 한 매장에 흥미를 느끼기 힘들다. 컬러 변화는 고객에게 가장 쉽게 어필할 수 있는 방법이다. 조금만 신경을 쓰면 지속적인 이미지 변화를 이루는 데 효과적이다. 그리고 온라인 쇼핑에 익숙해진 고객들에게 어필하기 위해서는 새로운 전략이 필요하다.

컬러 변화가 구매를
촉진한다

디자이너 브랜드 케이트 스페이드(Kate Spade)와 온라인 쇼핑몰 이베이(eBay)가 함께 기획한 케이트 스페이드 새터데이(Kate Spade Saturday)는 맨해튼에 오픈했던 팝업숍으로 24시간 운영되는 '윈도 매장'이다. 비비드한 레몬 옐로 컬러의 파사드와 함께 독특한 방식의 윈도 디스플레이가 눈에 띈다.

모바일에서 주로 보여주는 단순한 코디 방법으로 마네킹에 옷을 입히지 않고 화이트 컬러의 백드롭에 상의와 하의 그리고 가방, 악세사리 등의 소품을 걸어 2D처럼 평면적으로 보여준다. 마치 온라인 쇼핑몰 페이지를 보는 것 같은 느낌이 들어 흥미를 일으킨다. 그리고 커다란 윈도우 디스플레이 옆에는 높이 274cm, 폭 60cm의 대형 키오스크형(kiosk, 공공장소에 설치된 터치스크린 방식의 정보전달 시스템) 윈도 디

빠른 변화를 보여주는 윈도 디스플레이는 다양한 컬러와 함께 소비자의 구매를 촉진한다.

스플레이가 있다.

모바일 쇼핑을 큰 스크린 인터페이스에 적용해, 직접 터치해서 다양한 패션 코디를 해보고 맘에 드는 옷을 선택해 결재하면 1시간 내 어디든 무료 배송해주는 새로운 쇼핑 플랫폼이다.

오프라인 매장은 전략적인 비주얼 머천다이징을 통해 구매를 촉진시킬 수 있다. 윈도 디스플레이부터 제품 진열까지 모든 요소는 구매 증진이 되도록 디자인되어야 한다. 그중 컬러는 제품을 돋보이게 하고 고객의 심리를 자극할 수 있는 역할을 하는데, 무엇보다 목표와 목적 그리고 상황과 조건에 맞는 컬러 선택이 중요하다. 고객의 지갑을 더 빨리 열기 위해서는 더 예뻐 보이고 더 맛있어 보이는 컬러가 지금 당신의 매장에 필요하다.

패션 컬러 매칭 서비스 앱

매일 아침마다 가장 큰 숙제 중 하나는 옷 스타일링이다. 나 같은 경우, 중요한 약속이나 이벤트가 있는 날은 전날 밤 미리 스타일링을 준비하지만, 대부분은 아침에 일어나서 옷장을 열고 그날 가장 끌리는 한 가지 아이템을 고른 후 그와 어울리는 나머지 아이템을 매칭한다. 하지만 이 매칭이 잘 안 되는 날은 몇 번이고 다시 옷을 갈아입거나, 외출 후에도 맘에 들지 않는 날은 괜히 신경이 쓰여 빨리 집에 돌아오고 싶은 기분이 들고 만다. 사실 누구나 이 매일매일의 패션 스타일링은 쉽지 않은 고민거리다.

이러한 문제를 해결해줄 앱이 탄생했다. 패션 스타일링 앱 스타일북(Style Book)은 내 옷장의 아이템들을 사진을 찍어 등록하면 다양한 스타일링 아이디어 서비스를 제공한다.

앱 사용 방법은 우선 옷장의 옷들을 모두 꺼내어 사진을 찍고, 스타일북에 상의, 하의, 신발 등 카테고리별로 이미지를 저장한다. 스타일북의 큐레이션 서비스는 등록된 모든 아이템을 다양하게 조합하여 계절별, 출근용, 데이트용 등 TPO(time, place, occasion)에 맞는 여러 가지 패션 스타일링을 매거진 형식으로 제안해준다.

맘에 드는 룩을 선택해 캘린더에 담으면 매일매일 새로운 패션룩 스케줄링을 완성할 수 있다. 여행 패킹 메뉴에 담으면 여행지에서 입을 수 있는 스타일링 리스트도 만들어주므로 손쉽게 여행 가방을 꾸릴 수 있다.

물론 가장 큰일은 자신의 옷장의 옷들을 모두 꺼내어 사진을 찍고 편집하는 일이다. 보유하고 있는 옷의 양에 따라 다르겠지만, 주말 이틀 정도를 고생하면 365일 매일매일의 스타일링 고민에서 해방될 수 있다.

7

COMMUNICATE
BY COLOR

또 하나의 언어,
컬러로 말한다

Communicate
by Color

디지털 환경에서 컬러는 가장 예민한 디자인 요소 중 하나다. 형태는 모든 모니터 화면에서 동일하게 보이지만, 컬러는 기기의 사양, 컬러 환경 설정, 조명, 기기의 노후도에 따라 전혀 다르게 보일 수 있다. 하지만 컬러는 웹 디자인에서 분명 중요한 역할을 하고 있다. 이미지의 감성을 전달하고 정보의 강약을 조절하고 주목성과 가독성을 높이며 버튼이나 링크의 클릭을 유도하고 중요한 정보를 강조하며 정보를 분리하거나 통합하기도 한다.

다른 사이트와의 차별화 수단으로 이용할 수도 있다. 브랜드 웹사이트는 브랜드의 인지도를 높이고 브랜드와 관련된 정보를 제공하며 차별화된 포지셔닝을 구축하는 데 기여한다. 그 안에서 컬러는 목적과 상황에 따라 적용되고 그 모든 실행 전략에 관여하여 고객의 심리를 움직이게 하는 데 도움이 된다. 브랜드 이미지를 좌우하는 '컬러 조합'과 브랜드 스토리를 정확하게 전달하기 위한 '가독성', 그리고 사이트 체류 시간을 늘리기 위해서는 쉽고 편리한 '내비게이션 설계'가 중요하다.

브랜드 웹사이트는 다양한 요소로 인해 무엇보다 배색에 신경 써야 한다. 배색은 브랜드 이미지 구축에 영향을 미치는 요소로 신중하게 고려해 한결같이 쓰여야 한다. 배색의 시작은 '주제색'을 선택하는 것에서부터 시작한다. 브랜드 아이덴티티 컬러를 '강조색'으로 두고 그와 어울리는 '보조색'과 '바탕색'을 결정한다.

배색은 비율 또한 이미지를 좌우하는 중요한 요소인데 일반적으로 강조색 5퍼센트, 보조색 25퍼센트, 바탕색 70퍼센트를 이상적인 비율이라고 한다. 강조색 면적을 더 넓게 사용해야 효과적이라고 생각할 수 있지만 실제로는 비율을 적게 사용함으로써 집중도를 높일 수 있다. 주제색은 모든 페이지에서 반복적으로 보여줌으로써 인지도를 높일 수 있다.

흰색 바탕에 검은색 글자는 명도 차이가 커서 가독성이 높다. 글자에 컬러를 넣는 것은 주목성은 높일 수 있어도 가독성을 떨어뜨릴 수 있기 때문에 주의해야 한다. 명도 차이가 작으면 잘 읽히지 않기 때문에 흰색 바탕에는 채도가 높거나 어두운 컬러를 사용하고, 채도가 낮거나 밝은 컬러의 텍스트를 사용하고 싶으면 진하고 어두운 배경색을 함께 배색한다. 강조하고 싶은 내용은 텍스트의 배경색을 넣는 방법도 활용할 수 있다. 하지만 강조색을 너무 많이 사용하면 가독성이 떨어지므로 텍스트 컬러는 최소한으로 제한하는 것이 좋다.

기본적으로 텍스트 링크는 밑줄과 파란색으로 표기된다. 방문한 링크는 보라색으로 변경된다. 이미지 링크 역시 클릭을 유도하기 위해서는 버튼이나 작은 화살표 아이콘 등의 표기가 필요하다. 페이지 전환을 유도하는 링크와 버튼의 컬러는 전체적인 배색과 목적에 따라 적절하게 사용되어야 한다.

마카롱 디자인
포트폴리오

일반적으로 디자인이나 예술 작품 포트폴리오를 만들 때에는 블랙 보드에 작품을 부착해서 만든다. 모든 빛을 흡수하는 블랙은 작품에 집중할 수 있도록 컬러를 더 돋보이게 한다. 러시아 프리미엄 디저트 브랜드 본 제니(Bon Génie)의 웹사이트는 완전한 블랙을 배경으로 모든 디저트가 하나의 작품처럼 보이는 포트폴리오 형식으로 구성되어 있다.

본 제니는 마카롱, 초콜릿, 케이크, 캔디, 에클레어(크림을 넣고 초콜릿으로 씌운 길쭉한 페스트리), 칸투치니(이탈리안 아몬드 비스킷), 아몬드 등 모두 수제로 만들어지는 고급 디저트 메뉴를 가지고 있다. 마카롱 메뉴 페이지는 화려한 색감의 마카롱들이 블랙 보드에 이름과 함께 하나씩 전시되어 있다. 블랙 배경으로 열대과일, 딸기, 녹차, 크랜베리, 커피 등 컬러풀한 마카롱이 배치되어 있는데 마치 패션 아이템처럼 세

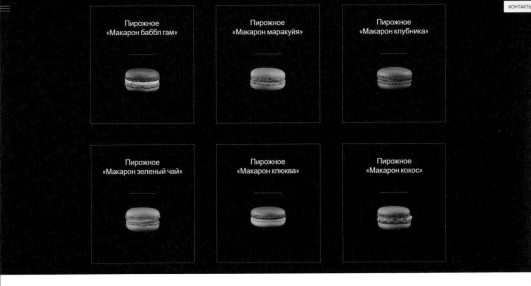

● ● 본 제니의 웹사이트는 블랙 컬러를 효과적으로 활용해 수제로 만든 고급 디저트의 가치를 잘 전달하고 있다.

런되고 스타일리시해 보인다.

사이트 전체 배경은 모두 블랙으로 유지하고 텍스트와 모든 일러스트 디자인은 모두 화이트로 처리하여 가독성을 높이고, 거기에 화려한 컬러의 디저트들의 사진이 더해지면서 주목성도 높였다. 그리고 크게 확대한 디저트 사진들은 생생한 텍스처 때문에 더욱더 미각을 자극한다.

중요한 부분을 표시하는
하이라이터 펜

가장 신뢰감을 주고 가독성이 높은 컬러 배색은 흰색 종이와 검은색 글자다. 책, 신문, 잡지 기사 등은 절대로 이 규칙에서 벗어나지 않는다. 하지만 나중에 중요한 내용을 찾을 때 긴 텍스트를 다시 읽으려면 힘이 든다. 수고를 조금 덜어주기 위해 중요한 메시지는 별표, 밑줄, 하이라이터 펜으로 표기한다.

그중 하이라이터 펜은 학창시절 공부할 때 필수 아이템으로 중요한 부분에 표기하면 눈에 잘 띄어 유용하다. 옐로, 핑크, 오렌지, 블루, 그린, 퍼플 등 다양한 컬러가 있지만 그중 단연 인기 있는 컬러는 옐로다. 블랙 글자와의 대비감이 가장 크기 때문에 주목성이 높고, 옐로는 심리적으로 뇌를 자극하는 컬러로 집중도를 높여준다.

〈내셔널 지오그래픽(National Geographic)〉은 1888년부터 발간되기 시작한 지리 잡지로 현재는 지구에 관한 신비롭고 흥미로운 이야기들을 전해준다. 무엇보다 생생하게 살아있는 자연을 그대로 담은 컬러 사진들은 보는 이의 시선을 단번에 사로잡는다. 무엇보다 인지도가 높은 내셔널 지오그래픽의 '옐로 사각형 프레임' 심벌은 그 생생한 사진들을 담아내는 중요한 틀이다.

선명한 옐로는 내셔널 지오그래픽 웹사이트에서 강조색으로 쓰이고 있는데 버튼, 배너, 바(bar) 형태로 타이틀을 강조한다. 텍스트에서는 링크로 연결된 단어들에 옐로 밑줄로 표기하고, 마우스 오버 시 '옐로 하이라이터'로 바뀐다. 그리고 클릭하면 해당 용어에 대한 보다 자세한 내용을 담고 있는 사이트로 이동한다.

브랜드 웹사이트 디자인은 그 브랜드가 누구이고, 어떤 일을 하며 방문자를 위해 무엇을 할 수 있는지 보여주어야 한다. 몇 분 아니 몇 초 내에 이러한 목표를 달성하지 못하면 방문자는 곧바로 그 웹사이

내셔널 지오그래픽 웹사이트의 옐로 강조색은 자칫 집중력을 잃기 쉬운 기사 홍수 속에서 오랜 시간 몰입해서 이야기에 빠져들 수 있도록 도와준다.

트를 떠난다.

또 웹사이트 디자인은 명확한 타기팅을 통해 이루어져야 한다. 20~30대 젊은 여성을 타깃으로 한 웹사이트와 40~50대 중년 남성을 타깃으로 한 웹사이트 디자인은 분명 다르다.

컬러는 이미지의 주목성을 높이고 텍스트의 가독성을 높이는 데 기여한다. 그래서 당신이 웹사이트를 구축할 때 웹사이트의 콘텐츠나 목적에 맞는 적절한 컬러를 선정하고 구현한다면 당신의 타깃과 조금 더 효과적인 커뮤니케이션하는 데 도움이 될 것이다.

자신의 평범한 일상을 담은 브이로그(vlog, 비디오와 블로그의 합성어)를 만들고, 크리에이터라는 새로운 직업이 생겨나고, 텔레비전 대신 유튜브 동영상을 보고, 연예인보다 유튜버에 열광하며, 초등학생 장래 희망 1위는 크리에이터가 되었다. 텍스트에서 사진으로, 사진에서 동영상으로 진화한 소셜 미디어는 우리의 소통 방식을 완전히 변화시켰다.

가장 강력한 플랫폼으로 자리 잡은 유튜브(Youtube)는 매일 10억 시간에 달하는 동영상이 재생되고, 1분마다 400시간이 넘는 신규 동영상이 업로드된다. 유튜브 사용자 수는 월 19억 명이고, 91개 국가에 80개 언어로 제공하고 있다.

동영상 콘텐츠에
입히는 컬러

유튜브에는 '유튜브 플레이 버튼(Youtube Play Button)'이라는 크리에이터 시상 제도가 있다. 구독자 수를 기준으로 이용자 상을 주는데 10만 명 이상은 실버 버튼을, 100만 명 이상은 골드 버튼을, 1,000만 명 이상은 다이아 버튼을 수여한다. 국내 이용자 중 싸이, 방탄소년단, 토이푸딩, 블랙핑크, 제이플라가 다이아 버튼을 받았다. 그리고 5,000만 명 이상이 되면 맞춤 제작된 피프티 밀리언 어워드(50 million award)가 수여되는데 퓨디파이는 루비 컬러의 트로피를 받았다.

가장 많은 조회 수를 기록하고 있는 동영상 1위는 루이스 폰시 (Luis Fonsi)의 〈데스파시토(Despacito)〉인데, 약 57억 뷰로 〈마카레나〉 이후 20년 만에 스페인어 노래가 정상을 차지했다. 2012년 유튜브에 〈강남스타일〉 뮤직비디오를 공개한 지 100일 만에 5억 뷰를 달성하고 5년간 1위였던 싸이는 2019년 현재에도 약 32억 뷰로 6위에 자리하고 있다. 싸이를 전 세계적인 스타로 만들어준 일등 공신은 역시 유튜브였다.

강렬한 운명을
표현하는 DNA 컬러

유튜브를 통해 전 세계로 뻗어나간 방탄소년단(BTS)은 그 누구보다 컬러로 감성을 잘 표현하고 컬러로 의사소통을 할 줄 아는 아이돌

280

그룹이다. 최근 방탄소년단과 아미(방탄소년단 정식 팬클럽 명칭)는 "보라해(I purple you)"라는 말로 서로의 애정을 표현한다. 과거 멤버 '뷔'가 팬미팅에서 "무지개의 마지막 색이 보라다. 보라색은 상대방을 믿고 서로 사랑하자는 뜻이다"라고 그 의미를 설명했는데, 이후 아미에게 보라색은 특별한 의미가 있는 컬러가 되었다.

유튜브를 통해 세계로 뻗어나간 아이돌 방탄소년단은 이제 세계적인 스타가 되었다. 새로운 앨범이 출시될 때마다 모두의 관심이 집중되는 뮤직비디오는 무엇보다 중요한 홍보 수단이기도 하다. 2017년 9월 발표된〈DNA〉뮤직비디오는 공개 후 24시간 만에 4,500만 뷰, 24일 만에 1억 뷰, 3개월 만에 2억 뷰, 5개월 만에 3억 뷰, 9개월 만에 4억 뷰를 돌파했다. 2019년 현재 6억 뷰를 넘어서며 방탄소년단의 뮤직비디오 중 가장 많은 조회 수를 기록하고 있다.

뮤직비디오의 내용은 가상현실과 우주 공간을 넘나드는 장면을 통해 '우주가 생긴 그날부터 계속, 무한의 세기를 넘어서 계속, 우린 전생에도 아마 다음 생에도' 두 사람은 하나의 DNA라는 가사를 잘 표현하고 있다. 휘파람 소리와 함께 눈앞에 펼쳐지는 현란한 컬러는 관심을 집중시킨다. 멤버들의 컬러풀한 헤어와 시크하면서도 키치한 패션(비비드한 컬러와 화려한 프린팅과 패턴이 특징인 패션)과 강한 비트의 멜로디와 강렬한 컬러가 어우러지고, 공간을 넘나드는 빠른 화면 전환으로 이어지면서 끊임없이 눈을 자극하고 몰입도를 높인다. 그래서 4분 15초의 뮤직비디오는 단 1초도 지루할 틈 없이 눈과 귀를 즐겁게 해준다. 흑백은 3분의 2초 동안 시선을 끌지만, 컬러 이미지는 평균 2초 동안 시선

● ● 컬러는 시각뿐 아니라 청각과도 연결되어 있다. 채도가 높고 현란한 컬러는 빠른 비트의 신나는
멜로디를 연상시킨다.

을 끈다. 흑백 광고 효과는 컬러보다 42퍼센트 낮다.

컬러는 더 오래 사람들의 시선을 사로잡는 데 효과적이다. 동영상의 콘셉트나 스토리에 어울리는 적절한 컬러는 콘텐츠의 집중도와 몰입도를 높여준다. 그리고 1인 크리에이터 1인 미디어 시대에 필요한 브랜딩 역할을 한다. 유튜브에서 시청자가 구독 버튼을 가장 많이 누르는 곳은 채널의 홈이다. 이곳에서 약 90퍼센트 이상의 시청자가 구독자로 전환된다. 그래서 채널 홈은 브랜딩이 필요하고, 효과적인 브랜딩을 위해서는 컬러가 필요하다. 전략적인 컬러는 상대가 모르게 상대의 마음과 행동을 움직이게 하고, 자신이 전하고자 하는 메시지를 더 효과적으로 전달할 수 있다.

컬러가 돋보이는
온라인 쇼핑몰
디자인

03

'무엇을 파느냐'보다 '어떻게 파느냐'가 더 중요하다. 아무리 훌륭한 제품력이나 뛰어난 디자인을 갖춘 제품이라고 할지라도 판매하는 방식 혹은 포장하는 방식이 적절하지 않다면 매출은 기대에 부응하기 어렵다. 오프라인 매장에서의 비주얼 머천다이징처럼 온라인 쇼핑몰에서도 비주얼 판매 전략을 반영한 웹 디자인을 통해 구매를 증대시킬 수 있다. 온라인 쇼핑몰의 목적은 판매다.

온라인 쇼핑몰을 구축할 때에는 얼마나 예쁘고 세련된 디자인인가를 논의하기 전에 얼마나 판매에 기여할 수 있는 UI(user interface) 또는 UX(user experience) 디자인인가의 기준으로 평가해야 한다.

온라인 쇼핑몰에서는 '제품 사진'이 가장 중요하다. 제품의 컬러를 정확하게 재현하고, 다양한 각도에서 촬영된 제품 사진이 준비되었다면 웹사이트에서 디스플레이를 할 때에는 배경 컬러, 주변 컬러와의 위치 및 조화를 고려해야 사진의 이미지를 명확하고 매력적으로 전달할 수 있다.

제품 사진을 제일 부각하려면 사진보다 눈에 띄는 고채도의 배경색은 피하고 무채색을 사용하는 것이 가장 적절하다. 제품 간의 적절한 여백을 두는 것 또한 동시 대비 현상(서로 다른 색이 배색되어 있는 경우 각각의 색이 동시에 서로에게 영향을 주어 실제의 색과 다르게 느껴지는 현상)을 일으키지 않아 각각의 이미지를 효과적으로 어필할 수 있다.

그다음은 명확한 '제품 정보'를 전달하는 것이 필수다. 특히 중요한 정보는 주변보다 강한 컬러를 사용하고, 텍스트를 정확하게 읽을 수 있도록 하며, 시선의 이동이 편리해야 한다. 채도가 높거나 난색계의 컬러는 주목성이 높고, 글자와 배경색과 차이가 크면 주목성을 높일 수 있다. 시선은 일반적으로 왼쪽 상단에서 오른쪽 하단으로 이동하는데 이때 콘텐츠의 중요도에 따라 컬러 위치를 조정하면 사람들의 시선 이동을 바꿀 수 있다.

지나치게 컬러를 많이 쓰면 복잡한 느낌을 줄 수 있다. 명암 차이를 활용하면 조금 더 안정적으로 콘텐츠의 강약 조절을 표현할 수 있다. 이때도 제품 사진 배경색과 마찬가지로 고채도의 텍스트 배경색은 가독성이 떨어지므로 채도를 낮추는 것이 좋다. 무엇보다 제품 정보를 전달하는 텍스트는 가독성을 배려해 정확한 내용을 전달해야 구매 후 발생할 수 있는 소비자 클레임을 미연에 방지할 수 있다.

구매 행동을 일으키는 중요한 '버튼'은 클릭을 유도하기 위해 눈에 띄도록 디자인되어야 한다. 누르기 쉬운 버튼 색은 단순히 난색계열 혹은 채도가 높은 컬러가 아닌 배경과의 '명도 대비'가 강한 컬러다. 버튼 색은 장바구니, 구매하기, 결제하기 등 내용에 따라 구분해서 사용하는 것이 좋다.

다양한 제품 컬러를
효과적으로 보여주는 방법

온라인 쇼핑몰에서 컬러 디자인 전략을 세울 때 가장 중요한 기준은 '제품 컬러'다. 제품을 노출시킬 때는 컬러를 배열하는 방식을 고려하고, 테마 컬러를 활용해 같은 컬러의 제품만 모아 프로모션을 기획할 수도 있다.

무엇보다 컬러의 다양함은 소비자의 구매욕을 자극한다. 제품 제작이나 재고 관리의 어려움이 크지만 다양한 취향에 대응할 수 있는 다채로운 컬러 팔레트를 가지고 있다는 것은 강력한 경쟁력이 되기도 한다. 그리고 온라인 쇼핑몰에서는 그 매력을 어필하기 위한 디자인을 고민해야 한다.

2010년 호주 멜버른에서 탄생한 벨로이(Bellroy)는 스마트한 라이프 스타일을 제안하는 가죽 소품 브랜드다. 벨로이의 스마트한 아이디어는 남성 스타일을 망가뜨리는 불룩한 바지 주머니의 원인인 뚱뚱한 남성 지갑을 슬림하게 만들어주고, 뒤죽박죽 섞여 있어 도무지 원하는 걸 찾을 수 없는 여성의 가방을 깔끔하게 정리해주고, 여기저

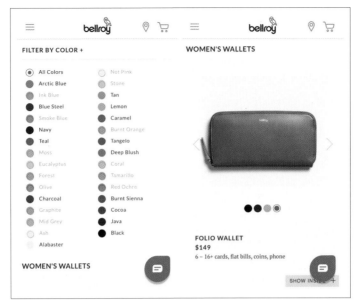

WOMEN'S WALLETS

다양한 제품 컬러를 갖추고 있는 경우 '컬러별 검색 기능'을 반드시 추가하는 것이 좋다.

기 흩어져 있는 사무용품들을 하나로 정돈해주어 효율적인 업무를 도와준다.

스모크 블루(smoke blue), 틸(teal), 애쉬(ash) 올리브(olive), 번트 시에나(burnt sienna, 짙은 적갈색) 등 무려 29가지에 이르는 제품 컬러는 다른 브랜드에서는 볼 수 없는 벨로이만의 컬러로 구성되어 있다. 남성용 지갑, 여성용 지갑, 가방 등 품목 카테고리를 선택하고 들어가면 좌측 메뉴에 펼쳐지는 컬러 팔레트는 한눈에 벨로이가 얼마나 많은 제품 컬러를 갖추고 있는지 알 수 있게 만들어주고, 컬러를 클릭하면 해당 컬러 제품만 모아 볼 수 있어서 편리하다.

품목별 제품목록 보기에서는 제품 사진과 함께 제품명, 가격 그리고 컬러 팔레트 정보가 노출되어 있는데 무엇보다 '컬러별 미리 보기'도 가능하므로 상세보기를 클릭하는 번거로움 없이 제품 컬러를 확인할 수 있다. 이러한 컬러 디자인 전략으로 구축된 벨로이 온라인 쇼핑몰은 다양한 컬러 옵션을 가진 가죽 제품이라는 장점을 더욱더 부각하며 구매자의 쇼핑 편의를 배려해 매출 증대에 기여하고 있다.

한 가지 제품 컬러를 매력적으로 어필하는 방법

우리 브랜드가 하나의 제품 구성만을 가지고 있다면 컬러로 매력을 어필하기 어렵다고 생각할 수도 있지만 그렇지 않다. 브랜드만의 시그니처 컬러를 정해 제품 컬러에 적용하고 온라인 쇼핑몰 디자인에도 활용한다면 고객을 설득하는 데 도움이 된다.

건강이 생활에 중요한 이슈로 자리 잡으면서 운동과 관련된 다양한 제품들이 개발되어 출시되고 있다. 보통의 운동기구는 구매하고 처음에만 열심히 사용하다가 어느새 방치되기 쉬운데, 요새는 제품을 이용한 운동 '튜토리얼 앱(tutorial app)'과 함께 판매함으로써 지속적이면서 효과적으로 제품을 사용할 수 있도록 도와준다.

호주의 줄넘기 브랜드 크로스로프(Crossrope)는 특허 받은 패스트 클립 시스템(fast-clip system) 줄넘기라는 제품력과 시그니처 컬러 파스텔 그린 컬러의 조합으로 매력적인 온라인 쇼핑몰을 완성했다.

줄넘기 핸들과 로프 분리형으로 자신의 운동 레벨에 따라 로프를

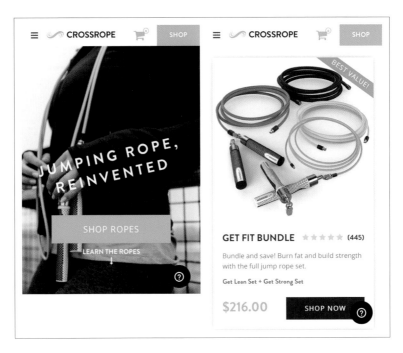

쉽고 간단하게 교체해 사용할 수 있다. 그리고 타입은 초보자용과 숙련자용으로 구분되어 무게가 다르다. 초보자용 로프는 1/4파운드, 1/2파운드 2가지이고, 로프의 컬러는 가장 가벼운 1/4파운드(약 113g)는 파스텔 그린, 1/2파운드(약 227g)는 화이트로 직관적으로 무게를 가늠할 수 있도록 디자인했다. 숙련자용 역시 1파운드(약 454g) 로프는 차콜 그레이, 2파운드(약 907g)는 블랙으로 컬러의 심리적 효과를 반영하고 있다.

온라인 쇼핑몰 역시 배경색은 깔끔한 화이트로, 보조색은 그레이,

텍스트는 블랙과 그레이로 중요도를 구분하고, 강조색은 '구매하기'와 '장바구니' 버튼에 적용하여 파스텔 그린 바탕색에 화이트 텍스트로 조합해 주목성을 높였다. 다른 유채색은 최대한 자제하고 최소한의 컬러 조합을 이용해 꼭 필요한 정보만을 효율적으로 전달하고, 브랜드의 아이덴티티를 확실하게 각인시키고 있다.

같은 제품을 판매한다고 할지라도 제품을 보여주는 방식에 따라 고객이 제품을 인지하는 관점은 달라진다. 특히 컬러는 구매자의 심리를 좌우하는 요소로 세심한 배려가 필요하다. 무엇보다 경쟁사의 온라인 쇼핑몰 분석을 통해 주로 어떤 컬러가 쓰이고 있으며 어떤 톤앤드 매너를 가졌는지 확인하는 것이 좋다. 그리고 당신의 쇼핑몰은 그들과 차별화되면서 경쟁력을 갖출 수 있도록 전략적인 디자인을 설계해야 한다.

어떤 사람이든 대부분 그 사람만의 스타일이 있다. 매일 다른 옷을 입지만 대체로 비슷한 느낌이 있어서 그것이 그 사람의 개성을 나타내준다. 그리고 대부분 이러한 외적인 취향들은 내적인 성향을 반영하고 있기 때문에 이러한 연관성과 일관성은 그 사람이 어떤 캐릭터를 가졌는지 이해할 수 있도록 해준다.

브랜드의 룩 앤드 필(look & feel)이란 바로 그런 것이다. 로고를 가리고서도 룩 앤드 필만 보고도 그 브랜드를 알아차릴 수 있다. 브랜드만의 고유한 디자인, 컬러, 이미지, 타이포그래피, 감각 등의 요소는 브랜드의 개성 있는 룩 앤드 필을 완성해준다.

로고가 없어도 알 수 있는
브랜드의 대단한 위력

프랑스를 대표하는 명품 브랜드 샤넬(Chanel)은 브랜드의 명성도 있지만, 샤넬만의 상징적인 디자인으로 완성되는 샤넬룩에 대한 많은 여성의 로망이 있다. 그 때문에 명품의 수요가 줄고 있는 지금 시대에도 유행과 상관없이 지속적인 성장을 하며 건재하고 있다. 1910년 26살의 가브리엘 샤넬(Gabrielle Chanel)은 자신의 별명 코코(CoCo)에서 따온 두 개의 C를 조합해 완벽한 대칭을 이루는 심볼을 완성했다.

블랙 컬러의 선물 포장 박스 혹은 쇼핑백에 장식되는 카멜리아 코르사주(Camellia corsage) 역시 가장 샤넬다운 감성을 전하는 샤넬의 대표적인 아이콘이다. 모던하고 시크함을 상징하는 블랙 앤드 화이트 컬러, 손이 자유로울 수 있도록 긴 어깨 스트랩을 달고 가죽 사이에 심을 넣고 박음질해 패턴을 만든 '2.55 퀼팅 백', 2가지 컬러 조합으로 디자인 된 '투 톤 플랫 슈즈', 편안한 저지 소재로 만들어진 블랙 원피스 '리틀 블랙 드레스', 길게 레이어드한 '인조 진주 목걸이', 간간이 다른 색깔의 올이 섞여 있는 두꺼운 모직 천으로 만들어진 '트위드 재킷', 가로 스트라이프 패턴의 '브레톤 톱'까지 샤넬의 아이코닉한 디자인들이 샤넬 브랜드를 완성한다.

허리 라인 없는 재킷, 무릎 라인의 치마, 바지 밑단이 넓은 바지 등 여성을 거추장스러운 옷에서 해방하고자 했던 그녀는 남성 옷을 여성 옷으로 변형시킨 것이 많다. 이후에도 계속 무겁고 각진 형태에 조금 투박한 자물쇠 장식의 '보이백'에서부터 각지고 간결한 라인으

● ● 브랜드의 고유한 룩 앤드 필은 일관된 이미지 형성을 통해 브랜드 아이덴티티를 강화시킨다.

로 중성적인 느낌을 주는 '보이프렌드 시계'까지 샤넬의 룩 앤드 필은 샤넬의 로고가 없어도 샤넬임을 눈치챌 수 있게 만든다.

이름을 몰라도 찾을 수 있는
종이호랑이의 컬러와 패턴

2017년 여름, 파리 여행의 쇼핑 콘셉트는 어디에든 있는 프랑스 명품보다 파리에만 있는 프랑스 브랜드 제품을 찾는 것이었다. 그렇게 보물찾기하듯 파리의 모든 백화점과 쇼핑몰 그리고 쇼핑 거리를 헤매면서 다양한 브랜드들을 만났는데 그중 인상적인 브랜드 하나는 프랑스 디자이너들이 만든 문구 브랜드 파피에 티그르(Papier Tigre)였다.

힘들게 찾아간 첫 번째 방문은 휴일이어서 밖에서 간판 구경만 하고 그다음 날 다시 매장을 찾아갔다. 하지만 그 억울함도 잠시, 매장에 들어서자마자 나는 어린 시절 문구점에서 신기한 수많은 학용품을 마주했던 그때의 설레는 감성이 되살아났다. 파피에 티그르는 종이라는 친근하고 베이직한 소재에 일본의 오리가미(종이접기)라는 콘셉트를 담아 색종이처럼 알록달록한 배색과 종이접기 혹은 가위로 대충 오린 듯한 패턴으로 종이호랑이만의 브랜드 룩 앤드 필을 완성했다.

노트부터 다이어리, 달력, 볼펜 그리고 포장지 스티커와 영수증 케이스까지 종이접기만큼이나 다양한 톤과 컬러 조합으로 우리 눈을 즐겁게 해준다. 특히 비비드 톤 레드와 라이트 톤의 블루 혹은 페일 톤 옐로와의 조합, 다크 톤의 그린과 소프트 톤의 그린, 비비드 톤의

●●● 브랜드만의 독특한 컬러 팔레트는 그 브랜드만의 인상을 만드는 데 기여한다.

레드의 조합 등은 강렬한 컬러와 톤의 대비감으로 인해 좀더 강한 인상을 준다.

그리고 종이접기 형식으로 디자인된 카드와 편지지는 어린 시절 친구와 주고받았던 쪽지처럼 정감 있었다. 이 모든 파피에 티그르의 룩 앤드 필은 매장에서도 웹사이트에서도 그리고 소셜 미디어에서도 일관성 있게 보여지기 때문에 소비자들은 브랜드명을 몰라도 어디서든 이 브랜드를 찾아낼 수 있다. 브랜드의 룩 앤드 필이 가지는 힘은 바로 그러한 것이다.

브랜드의 룩 앤드 필은 하나의 로고를 만들어내는 일보다 더 복잡하고 어려운 작업임은 틀림없다. 하지만 브랜드를 구축할 때 브랜드 콘셉트와 몇몇 키워드들은 유용한 가이드 라인이 될 수 있다. 그 일관성을 유지하면서 하나씩 새로운 제품이나 스타일들을 확장해나가면 된다.

얼마 전 있었던 19SS 파리 패션 위크에서 브랜드 셀린느(Celine)의 무대가 많은 혹평을 받았다. 생로랑의 크리에이티브 디렉터였던 에디 슬리먼(Hedi Slimane)의 셀린느 첫 데뷔 무대였는데, 우아하고 기품 있는 여성의 아름다움을 담고 있었던 셀린느의 모습은 온데간데없이 사라지고 글래머러스하고 섹슈얼한 생로랑의 모습으로 재현되었기 때문이다. 많은 패션 브랜드가 디자이너의 성향에 따라 다양한 변화를 겪지만 그 변화는 결코 브랜드의 정체성까지 흔들어놓아서는 안 된다. 브랜드 룩 앤드 필을 잃어버리면 지금 소비자들은 로고 없이 그 제품들을 찾아내기 어려워진다.

사회 초년생 때 처음 선물 받았던 가방이 셀린느 숄더백이었는데 10년이 훨씬 넘은 지금까지도 질리지 않고 들고 있는 가장 아끼는 애장품으로 화려하거나 세련되지는 않지만 지적이고 단정한 스타일에 잘 어울리는 고상한 멋이 있다. 그래서 셀린느는 시크한 블랙보다는 차분한 브라운이나 베이지 컬러가 잘 어울린다.

브랜드의 룩 앤드 필은 소비자가 특정 브랜드를 인지하고 느끼고 기억할 수 있는 또 하나의 장치다. 컬러부터 형태, 패턴, 질감, 소재, 이미지, 타이포그래피까지 브랜드의 아이덴티티를 잘 표현해줄 수 있는 요소를 어울리게 조합해야 한다. 이러한 브랜딩의 고급 기술을 잘 구사할 수 있다면 당신의 제품들은 로고가 보이지 않아도 브랜드명을 기억하지 못해도 소비자들은 당신의 브랜드를 찾아내고 알아차릴 수 있을 것이다. 그리고 해당 브랜드의 룩 앤드 필을 사랑하는 사람들은 더 높은 충성도를 가지고 그 브랜드를 지지하게 될 것이다.

남들과 다르게
새롭게 보여주는
컬러

—
05

기발한 아이디어나 독특한 아이템이 떠올라 창업을 결심한다. 시장 조사를 하고 아이템 기획 단계가 어느 정도 끝나면 이제 이 제품이나 서비스의 콘셉트를 잘 표현해줄 수 있는 네이밍과 로고가 필요해진다.

브랜딩이란 타깃 고객이 브랜드를 인식하고 충성도를 가질 수 있도록 체계적인 '브랜드 관리 시스템'을 만드는 것이다. 제품보다 브랜드를 구매하는 지금 시대에 브랜딩은 어느 정도의 시간과 예산을 투자해야 하는 중요한 부분임이 틀림없다. 스타트업 회사에 희망적인 소식은 과거에 브랜드라는 것이 명품이나 대기업을 상징하는 것이었다면, 이제 소비자들은 브랜딩이 잘된 신생 브랜드들에 매우 우호적이다.

브랜딩의 기본 프로세스는 기초 자료 조사와 분석을 통해 브랜드 전략을 수립하고, 브랜드 아이덴티티 디자인을 한 뒤, 다양한 고객과의 접점을 구축하며 브랜드 자산을 관리하는 것이다. 브랜드 컬러를 설계하는 프로세스 역시 이와 유사하다.

1단계는 해당 업계나 현재 트렌드를 파악하기 위한 컬러 리서치를 실행하고, 우리의 경쟁사가 어떤 컬러를 어떻게 사용하고 있는지 분석하는 것이다.

2단계는 고객 세그멘테이션과 타기팅을 통해 우리 고객이 선호하는 컬러를 파악하는 것이다.

3단계는 자사 브랜드 포지셔닝과 함께 차별화된 브랜드 컬러를 결정하고, 그 컬러를 제품, 가격, 유통, 프로모션에 어떻게 활용하여 고객과 커뮤니케이션할 것인지를 기획하는 것이다.

컬러는 디자인의 한 요소로 형태, 질감, 소재, 기술 등 다른 요소들과 유기적으로 이루어져야 하므로 기본적인 브랜딩 과정에 함께 포함되어야 한다. 브랜드 컬러의 평가도 역시 얼마나 주목성이 높은지, 차별성을 갖는지, 얼마나 강렬하고 오랫동안 사람들의 기억에 남는지, 브랜드 수명과 함께 얼마나 지속성을 가질 수 있는지, 브랜드 자산 가치에 기여할 수 있는지 등의 기준을 가지고 이루어져야 한다.

**빠르게 갈증을 달래주는
시원한 대시 컬러**

오늘날 대부분의 스타트업 회사가 홍보 수단으로 소셜 미디어를 활용한다. 2016년 창업해서 2017년 새로운 브랜딩을 통해 인스타그

●● 처음부터 완벽할 수는 없다. 대시 워터는 몇 번의 시행착오를 거쳐 브랜드만의 차별화된 컬러를
찾는 데 성공했다.

램에서 사람들의 관심을 끄는 데 성공한 신생 브랜드가 있다. 바로
영국 천연 탄산수에 채소와 과일의 맛과 향을 더해 만들어진 과일 탄
산수인 대시워터(Da-sh Water)다.

설탕, 첨가물, 칼로리가 없는 100퍼센트 천연 성분의 물로 물 하
나도 까다롭게 성분을 따지는 소비자를 위해 탄생했다. 대기업 음료
회사에서 일했던 두 명의 젊은 청년이 직접 농가의 오이와 레몬 등을
가져와 원료로 사용하면서 기존에 유통도 되지 못한 채 버려지는 채
소와 과일 쓰레기에 새로운 가치를 부여했다. 2016년 출시와 함께 선
보였던 로고와 제품 디자인 그리고 컬러는 그들의 특별한 가치를 잘
표현해주지 못했다. 2017년 브랜드 리뉴얼을 통해 비로소 그들의 가
치, 비전, 차별화된 콘셉트를 제대로 대중에게 어필할 수 있었다.

영어 단어 대시(dash)는 대시 기호(-), 소량, 돌진, 질주 등 다중적인

의미가 있다. 기존의 브랜딩이 단순히 물에 소량의 채소와 과일을 더한 의미에 그쳤다면, 리뉴얼된 브랜딩에서는 그 의미를 대시 기호와 갈증에 빠르게 대처하는 질주의 느낌을 더해 거친 붓의 '선'으로 표현했다. 부드러운 파스텔 톤에 알루미늄캔의 시원한 소재색이 더해지고 코발트 블루의 선명한 대시 패턴이 더해져 강렬하고 임팩트 있는 제품 패키지 디자인이 완성됐다.

부드러운 감성에 확실한 자기주장을 가진 그런 캐릭터를 닮았다. 로고 워드마크 역시 자획 끝 부분에 돌출 선이 있는 세리프에서 간결하고 깔끔해 보이는 산세리프로 변경하고 표기 방식도 DASH에서 DA-SH로 바꾸어 대시의 의미를 강조해 명쾌한 브랜드 아이덴티티를 완성했다.

남자를 위한 힘스의 합리적인 컬러

2017년 밀레니얼 세대 남성의 라이프스타일을 제안하는 새로운 뷰티 브랜드 힘스(Hims)가 탄생했다. 허세를 부리듯 자유분방한 스타일을 의미하는 힙합 용어 스웨그(swag)가 느껴지는 브랜드로 기존의 남성 화장품 브랜드와 확연히 구별되는 브랜딩으로 눈길을 사로잡는다.

메인 제품은 많은 남성의 고민거리 중 하나인 대머리를 관리할 수 있는 두피 케어 제품으로 기존의 두피 제품들이 고가이기 때문에 접

● ○ 차별화된 컬러 전략은 스타트업 브랜드에게 확실한 경쟁력이 될 수 있다.

근하기 어려운 문제점이 있었다면 힘스는 완벽 모발 케어 키트를 매월 44달러라는 합리적인 가격으로 제공하고 있다. 이 키트는 모발 발육 촉진제 미녹시딜(minoxidil), 남성 호르몬을 억제하는 피나스테리드(finasteride), 샴푸, 먹는 젤리형 비타민까지 바르는 것과 먹는 것을 함께 제안하는 4가지 구성품으로 채워져 있다.

전체 제품 구성 역시 남성의 피부, 헤어, 건강, 성생활 등 남성의 일상생활 모두를 관리할 수 있는 제품들로 이루어져 있다. 역시 눈에 띄는 것은 페일한 피치(peach) 컬러와 블랙, 화이트로만 이루어진 힘스의 브랜드 컬러 팔레트다. 마치 여성의 파운데이션을 연상시키는 이 컬러는 기존의 블루, 블랙, 그레이 등 남성 화장품의 전형적인 컬러 팔레트와 확실한 차별성을 가져가면서도 합리적이고 편안하며 자유로운 남성의 젊은 감성이 느껴진다.

컬러의 기능을
활용하는 방법

—
06

소비자의 니즈에 따라 디자인으로 해결 방법을 제시하여 소비를 일으킨다. 새로운 제품은 사용자가 느끼는 아주 작은 불편함에서 탄생할 수 있다. 그래서 뛰어난 미적 감각보다 '예민한 관찰력'을 가진 디자이너가 소비자를 위한 훌륭한 디자인을 완성할 수 있다.

시중에서 판매되는 스마트폰 케이스는 소비자들의 다양한 문제에 대응하며 각양각색의 디자인을 선보인다. 신용카드를 넣을 수 있는 작은 포켓이 있는 케이스, 화면을 보호해주는 접이식 커버가 있는 케이스, 뒷면에 거울이 달린 케이스, 손가락 링이 부착된 케이스 등은 모두 사용자를 위해 기능적으로 세심한 배려를 하여 만들어진 디자인의 결과물이자 성과다. 컬러도 문제 해결의 역할을 한다. 컬러도 적절하게 적재적소에 사용해야 그 역할을 다할 수 있다.

기대에 부응하는
컬러

사람들은 맛있는 음식이 먹고 싶을 때 빨간색을 찾고, 눈이 피로할 때 녹색을 찾으며, 깨끗함을 원할 때 흰색을 찾는다. 컬러도 용도가 있다. 컬러가 제품의 기능과 효과에 딱 들어맞으면 좋은 성과를 얻을 수 있다.

2004년 미국 MIT 과학자들에 의해 탄생한 리빙프루프(Living Proof)는 생명공학을 기반으로 한 뛰어난 제품 효과와 감각적인 패키지 디자인으로 인기를 얻어 최근 급부상한 헤어 케어 브랜드다. 기존 헤어업계에서 가지고 있었던 문제들을 해결하기 위해 생명공학을 다루는 과학자들과 스타일을 만드는 뷰티 전문가들이 만났다. 기존의 헤어제품들이 일시적인 효과만을 위해 실리콘을 사용하는 것에 반기를 들며, 우리의 모발과 유사한 성분으로 건강한 모발을 관리해주는 혁신적인 제품들 출시했다. 근본적인 헤어 고민을 해결해주는 제품들은 소비자들에게 큰 호응을 얻었고 최근 몇 년 사이 약 150개의 뷰티어워즈(beauty awards)를 수상하는 경이로운 기록을 보여주며 매년 놀라운 성장을 하고 있다. 영화배우 제니퍼 애니스톤이 공동 소유주 겸모델로 활동하다가 2017년 다국적 생활용품 기업 유니레버(Unilever)에 인수되었다.

훌륭한 제품력만큼 제품 디자인도 소비자의 기대감에 부응하고있는데 다양한 기능성 제품들은 각기 그 효과를 연상시키는 컬러로디자인되어 있다. 손상된 모발을 재생시켜주는 리스토어(restore) 라인

컬러는 제품의 기능을 말해주고 메시지를 전달하며 심리적 반응을 일으킨다.

은 회복 효과가 있는 핑크로, 가는 모발과 적은 머리숱을 케어해주는 풀(full) 라인은 가벼워 보이는 라이트 그레이로, 살롱에서 한 듯 집에서 손쉽게 할 수 있는 스타일랩(stylelab) 라인은 시크하고 프로페셔널해 보이는 블랙으로, 부스스한 모발을 가라앉혀주는 노프리즈(no frizz) 라인은 차분한 베이지로, 바쁜 여성을 위한 멀티 기능이 있는 퍼펙트 헤어데이(perfect hair day) 라인은 도시적인 감성을 가진 차콜 그레이 컬러로 디자인되었다.

이러한 제품 컬러는 제품 설명 문구를 보지 않아도 소비자가 직관적으로 그 효과를 연상하고 심리적으로 호응하게 한다. 전체적으로 톤 다운된 컬러 팔레트를 사용하여 심플하면서도 간결한 톤 앤드 매너로 고객들과 소통한다. 제품을 비롯한 인쇄물은 모두 소프트 터치 코팅을 하여 육안으로 봤을 때는 무광이지만 손끝에서 느껴지는 부드러움은 차분한 색조와 일관성을 갖는다.

혼자서 '열일'하는 컬러들

'오늘 뭐 입지?'는 매일 아침 누구나 하는 고민 중 하나가 아닐까? 옷장을 열어보면 늘 입을 옷이 없다고 말하는 여성들은 오늘도 옷을 사러 쇼핑을 나간다. 문제는 사고사고 또 사도 입을 옷이 없다는 것이다. 예쁜 옷과 새로운 옷에 대한 여성의 욕구는 끝이 없겠지만 적어도 아침에 패션 스타일링을 해결해줄 묘안은 있다. 그 문제 해결 방법은 바로 '컬러 매칭'이다.

옷 잘 입는 첫 번째 법칙은 '기본 컬러'와 '기본 아이템'들을 잘 갖추는 것이다. 화이트 셔츠와 화이트 티셔츠, 블랙 팬츠와 블랙 재킷, 청바지와 청자켓, 그레이 스웨터와 가디건, 네이비 혹은 베이지 면바지 등이다. 남성 혹은 여성 모두에게 해당되는 필수 품목들로 이러한 것들을 잘 갖추고 있으면 이후에 다른 어떤 컬러풀하거나 독특한 디자인의 아이템들과도 함께 매칭하기 쉽다. 사실 특이한 디자인이나 강렬한 컬러의 옷들은 매장에서 쉽게 현혹되어 충동구매하기 쉬운데 막상 자주 입게 되지 않는다. 그래서 결국 화이트 티셔츠와 청바지 그리고 블랙 재킷이 진리이고, 일주일에 몇 번이고 입게 되는 가장 활용도 높은 아이템들이다.

패션은 그 어떤 업계보다 유행이 빠르게 자주 바뀐다. 게다가 최신 유행 디자인에 저렴한 가격, 빠른 상품 회전율로 새롭게 등장한 '패스트 패션'의 영향으로 옷은 그 어느 때보다 더 빨리 소비되고 있다. 개인적으로는 기본 아이템들은 좋은 브랜드의 제품을, 유행을 타는 제품들은 저가의 제품을 선호하는 편인데 좋은 소재의 베이직한 아이템들은 10년 이상을 유용하게 입을 수 있다.

그중 청바지는 꽤 수명이 긴 아이템인데 생지 데님으로 유명한 프랑스 브랜드 아페쎄(A.P.C.)는 1987년 패션 디자이너 장 뚜이뚜(Jean Touitou)에 의해 프랑스에서 탄생했다. 생지 데님은 염색 후 다른 가공 없이 생산된 제품으로 진한 인디고 컬러와 풀 먹인 듯 뻣뻣한 질감이 특징이다. 시간이 지날수록 세탁을 할수록 자연스럽게 염색 컬러가

A.P.C. FEMME

COLLECTION ÉTÉ

아페쎄는 컬러별 아이템 디스플레이를 통해 패션 컬러 매칭을 위한 가이드를 제공한다.

빠지고 질감도 부드러워진다. 청바지의 블루는 시대를 초월하는 절대불변의 컬러로 그 어떤 옷과 매칭해도 잘 어울리는 만능 컬러다.

컬러는 심미적이면서 기능적인 역할 모두를 수행한다. 중요한 것은 어떻게 이 컬러를 효율적으로 사용하느냐다. 그를 위해서는 사용자의 특정한 상황에 맞는 적절한 컬러를 사용해야 한다. 수면 질 연구 결과에 따르면, 블루 컬러의 진정제가 가장 숙면에 효과적이지만 오렌지는 전혀 진정 효과가 없다고 한다.

통증에는 화이트, 블루, 그린이, 불안 증세에는 그린이, 우울증에는 옐로가 가장 효과적이라고 한다. 그리고 강렬한 레드 계열의 컬러가 더 빠르고 강력한 약효의 메시지를 전달한다. 마치 플라시보 효과(가짜 약 효과)를 일으키듯이 컬러는 사람들의 인식에 신호를 전달하고 마법을 건다. 당신도 당신의 비즈니스를 위해 열심히 일해줄 컬러를 찾아야 한다. 그리고 이제 그 컬러가 당신 고객들을 위한 문제 해결책을 제안할 수 있도록 컬러를 계획하고 통제하고 관리해야 할 때가 왔다.

개와 고양이가 반응하는 컬러

반려동물과의 언어 소통은 어려워서 그들이 무엇을 좋아하는지 물어볼 수는 없지만 분명 그들도 그들만의 취향이 있다. 기본적으로 동물이 인식하는 컬러 스펙트럼은 사람과 다르다. 물론 동물들도 각기 다 다른 색채 인식 구조로 되어 있다. 워싱턴 대학 컬러 시각 과학자 제이 네이츠(Jay Neitz)에 의하면 개는 블루와 옐로만을 인식하고 나머지는 모두 그레이로 본다고 한다. 고양이는 몇 가지 다른 의견들이 있지만 개와 비슷하거나 블루 한 가지 컬러만 구분하고 나머지는 그레이로 본다고 한다.

흥미로운 사실은 사람과 달리 개와 고양이는 모두 자외선을 볼 수 있다고 한다. 하지만 꿀벌이 자외선을 통해 식물의 컬러나 패턴을 보고 꿀이 있다는 것을 감지하는 특별한 능력을 갖춘 것에 비해 이들에게는 기능은 없다. 사람의 눈은 자외선을 방어함으로써 망막의 손상을 막고 사물을 보다 선명하게 볼 수 있지만 개와 고양이는 자외선 필터가 없어서 사물을 또렷하게 보는 능력은 떨어진다.

한편 고양이는 사람보다 6~8배 많은 간상체(명암을 식별하는 시세포)를 가지고 있어서 야간 시력이 좋기 때문에 희미한 불빛에서도 민감하게 사물을 인지한다. 고양이의 시야는 200도로 사람의 시야 180도보다 넓다. 이렇게 주변 시야가 넓기 때문에 고양이가 구석에 숨어있는 쥐나 장난감을 잘 찾아내는 것이다.

강아지와 고양이는 컬러보다는 움직임에 반응한다. 장난감 컬러는 반려동물보다 반려인의 구매 욕구를 자극한다. 많이 알려졌듯이 황소는 완전한 색맹으로 투우사의 빨간 천의 빨간색보다 움직임에 반응하는 것이다. 이 빨간색은 황소가 아닌 관중을 흥분시키기 위한 컬러다. 장난감에 대한 반려동물의 선호도를 알아보고 싶다면 다양한 모양, 크기, 재료, 냄새를 가진 장난감을 주고 가장 먼저 물고 가장 오래 가지고 노는 것을 관찰하면 된다. 반려인은 이렇게 그들의 반려동물과 행복한 동거를 위해 더 많은 관심을 기울이고 더 많은 정보를 원한다.

8

USE
COLOR TRICK

컬러 매직으로
원하는 바를 이룬다

Use
Color
Trick

최근 화제가 된 동영상 '2018년 최고의 아시안 메이크업 변신(Best viral Asian Makeup Transformations 2018)'에는 믿기지 않을 정도의 고난도 메이크업 기술로 변신한 여성들의 얼굴이 등장한다. 턱은 윤곽 테이프로 갸름하게, 코는 점토(분장용 더마 왁스)로 오뚝하게 만들어 매우 다른 사람으로 변신한다.

'앱 카메라'를 사용하면 좀더 쉽고 간단하게 성형할 수 있다. 실제 대면할 경우가 없는 소셜 미디어에서는 예쁜 사진만으로도 스타가 될 수 있기 때문에 앱 카메라의 위력은 절대적이다. 이제 더 이상 있는 그냥 그대로 사진을 찍는 사람은 없다. 과거 포토숍으로 가능했던 모든 기능이 쉽고 간편한 조작으로 가능한 앱 카메라에 담겨 있다.

같은 얼굴을 20배 더
예뻐 보이게 만드는 법

"귀걸이를 하면 1.5배 예뻐 보이고, 머리를 기르면 7배 예뻐 보이고, 살을 빼면 10배 이상 예뻐 보인다"는 말이 있다. 그리고 반사판이 있으면 15배 예뻐 보이고, 앱 카메라 필터가 있으면 20배쯤 더 예뻐 보인다. 아름다운 피사체를 담아내는 첫 번째 조건은 '조명'이다. 반사판은 여배우들을 더 아름답게 보이게 만들기 때문에 촬영장 필수 아이템이다. 보통 반사판은 물론이거니와 사진 찍기에 최적화된 예쁜 조명을 가진 장소를 찾기란 쉽지 않다.

최신 앱 카메라들은 반사판과 조명의 역할을 담은 필터를 탑재하고 있다. 잘나가는 앱 카메라의 첫 번째 조건은 실물보다 더 예뻐 보이는 '셀피(selfie) 필터'다. 비육일이(B612)는 '뷰티&필터(Beauty & Filter)' 타이틀만큼 인물 사진과 셀피에 특화된 카메라 앱이다.

B612의 메인 메뉴 중 하나인 '잡티 제거'는 기본 설정 값으로 되어 있다. 전체 78개의 필터 중 55개가 인물용 필터로 손쉽게 다양한 분위기의 인물 사진을 찍을 수 있다. 대표적인 4가지 얼굴 필터 소프트, 클린, 하트, 프리티는 간단하게 피부색을 보정하고 조금씩 다른 색감으로 인상도 달리 보이게 만들 수 있다.

'소프트'는 부드럽고 환한 빛을 더해 피부색을 뽀얗게 만들어주고, '클린'은 블루 베이스로 피부색을 깨끗하고 투명하게 바꾸어주고, '하트'는 핑크 베이스로 자연스러우면서 사랑스러운 느낌을 주고, '프리티'는 옐로 베이스에 컨트라스트를 강조해 얼굴의 입체감을 살려준다.

● ● 필터 사용 전(왼쪽) 프리티(pretty) 필터 사용 후(오른쪽)

더 맛있어 보이는
푸드 전용 카메라

음식도 더 맛있어 보이기 위해서는 조명발이 필요하다. 과거 레스토랑을 기획할 때 가장 중요한 작업 중 하나는 메뉴판 기획과 메뉴 사진을 찍는 것이었다. 사진에도 전문 영역이 있기 때문에 음식 사진만 주로 찍는 포토그래퍼를 고용하는 것이 첫 번째다. 음식 사진도 톤 앤드 매너를 통해 개성을 담아내기 때문에 사전에 충분한 기획의 단계를 거쳐야 한다. 메뉴 촬영 때 셰프는 본래 레시피와는 다르게 시각적으로 가장 맛있어 보이는 기준으로 조리하고, 푸드 스타일리스트는 음식에 데코레이션을 더해 세팅한다. 포토그래퍼는 세팅된 음식의 컬러가 변하거나 건조해지거나 혹은 모양이 흐트러지기 전에 재빨리 셔터를 누른다. 그리고 후 보정을 거쳐서 최종 컷이 확정된다.

●● 필터 사용 전(왼쪽) 맛있게(YU3) 필터 사용 후(오른쪽)

소셜 미디어가 생활이 된 지금 식사 전 사진 찍기는 반드시 거쳐야 할 통과 의례가 되었다. 대체로 레스토랑은 음식이 맛있어 보이는 조명을 세팅하지만 식재료의 컬러에 따라 맛있어 보이거나 신선해 보이는 조명 컬러는 다르므로 음식 사진을 찍고 나면 막상 만족스럽지 못할 때가 있다. 그래서 음식 사진 전용 카메라 앱 푸디(Foodie)가 탄생했다.

맛있게, 플레인, 크레마, 포지타노, 피크닉, 청량한, 달콤달콤, 신선한, 쫄깃쫄깃, 바비큐, 바삭바삭, 로맨틱 등 13종류의 46개 필터는 음식의 컬러와 온도 그리고 식감을 살려주는 필터로 구성되어 있다. '신선한' 필터는 샐러드나 과일이 더 신선하고 싱싱해 보이고, '달콤달콤' 필터는 아이스크림이나 케이크가 더 달콤하고 맛있어 보이며, '바삭바삭' 필터는 튀김류의 음식이 더 바삭하고 고소해 보이는 효과가 있다. 더 신선하게, 더 달콤하게, 더 바삭하고 맛있어 보이는 필터, 음식 사진 찍기의 필수 조건이다.

비주얼 커뮤니케이션 시대에 사람들에게 가장 필요한 건 스마트폰이 아니라 카메라다. 최근 LG전자가 한국과 미국에 거주하는 만 20~44세 스마트폰 사용자 1,000명을 대상으로 한 조사에서 응답자의 87퍼센트가 일주일에 한 번 이상 스마트폰 카메라를 사용한다고 했지만, 음성 통화 기능은 81.6퍼센트에 그쳤다. 그래서 이제 주객이 전도된 스마트폰은 통화의 기능보다 카메라의 기능에 초점을 맞추어 진화하고 있다. 새롭게 출시되는 스마트폰의 가장 큰 이슈는 '카메라 기능'이다.

과거 글로벌 시대를 살아가기 위해 외국어 능력이 필요했듯이, 이제 비주얼 커뮤니케이션 시대에 살아남기 위해서는 스마트폰 카메라와 카메라 앱의 다양한 기능을 익히고 다룰 줄 알아야 한다. 놀랍도록 빠른 속도와 혁신적인 기술력으로 진화해가는 스마트한 카메라 앱은 더 멋진 '인생 사진'을 찍을 수 있게 해준다. 특히 가장 아름다운 색감을 통해 감성을 자극하는 이미지를 만들어주는 카메라 필터들은 사진 찍기에 가장 중요한 요소가 되었다.

멀리서도
눈에 띄게 하는
방법

—
02

언제나 최고의 전략은 기본에 충실한 것에서부터 시작된다. 1920년 사무엘 롤렌드 홀(Samuel Roland Hall)이 제시한 소비자 구매 행동 프로세스인 AIDMA, 즉 주목(attention), 흥미(interest), 욕구(desire), 기억(memory), 구매(action)는 오래도록 광고나 판매를 위한 참고 모델이었다. 예를 들어 소비자가 광고를 보고 주목하고 흥미를 갖게 되고 구매 욕구를 느끼게 되면 그것을 기억한 후 구매를 한다는 것이다.

약 70년 후 인터넷 보급률의 증가와 함께 일본의 광고회사 덴쓰(電通)가 새로운 소비자 구매 행동 모델 AISAS를 발표했다. 소비자가 제품을 인지하고 흥미를 느끼는 것은 기존 이론과 동일하지만 이후 인터넷에서 제품 정보와 가격을 검색하고 구매한 후 SNS에 제품 후기를 공유한다.

2011년 덴쓰가 다시 SIPS, 즉 공감(sympathize), 확인(identify), 참가(participate), 공유/확산(share/spread) 모델을 소개했다. 이것은 AIDMA와 AISAS의 진화된 모델이라기보다 소셜 미디어를 자주 사용하는 사람들의 구매 행동을 설명하고 있다. SNS에서 공감하고 확인한 후, 단순한 구매 행동이 아닌 구매 참여의 단계를 거쳐 다시 SNS에 공유하고 확산시킨다. 여기서 주목해야 할 점은 구매 행동을 일으키는 첫 번째 단계인 주목은 변하지 않는다는 것이다. 무엇이든 소비자의 눈에 띄어야 이 구매 행동 프로세스가 시작된다.

어떻게 하면 해당 브랜드를 소비자의 눈에 띄게 하고 주목성을 높일 수 있을까? 주목성은 시선을 끌어들이는 힘을 뜻하며 거리감과 관련이 깊다. 시각적으로는 가까이 잘 보이는 것이 멀리 보이는 것보다 주목성이 높다. 그렇다면 실제로 같은 거리에 있는 것을 더 눈에 띄게 할 방법은 없을까? 바로 컬러가 그 문제 해결의 열쇠가 될 수 있다.

기본적으로 무채색보다는 유채색 컬러가, 저채도보다 고채도 컬러가, 블루 계열보다 레드 계열 컬러가 주목성이 높다. 이러한 컬러는 심리적으로 나에게 더 가깝게 느껴지기 때문에 주목성이 높은 것이다.

이 주목성은 명시도(visibility)의 영향을 많이 받는다. 명시도란 같은 조건의 빛, 모양, 크기, 거리에서 얼마나 물체가 또렷하게 보이는가를 말하는데 이는 대상물 컬러와 배경 컬러와의 명도 차이에 의해 정도가 달라진다.

1953년 일본의 오시마 마사미쓰(大島正光)의 색채 실험 결과에 의하면 동일한 블랙 컬러 배경에서는 옐로가 명시도가 가장 높고, 유채색의 조합에서는 옐로와 퍼플의 조합이 먼 곳에서도 잘 식별할 수 있으며, 퍼플과 블루의 조합은 가장 눈에 띄지 않는다. 그래서 옐로와 블랙 배색은 위험이나 재해를 방지하기 위한 안전색채(safety color)로 많이 사용된다. 옐로는 화이트와 조합하면 명도 차가 적어지기 때문에 명시도도 낮아지지만 대부분의 컬러와 조합했을 때 가장 명시도가 좋다. 그래서 이 마법 같은 옐로를 잘 활용하면 어디서든 사람들의 시선을 끌 수 있는 디자인을 완성할 수 있게 된다.

어디서든 눈에 띄는
옐로 쇼핑백

〈미스터 셀프리지(Mr. Selfridges)〉는 1909년 런던의 옥스퍼드 스트리트에 오픈한 현대적이고 혁신적인 백화점 셀프리지스를 배경으로 한 영국 드라마이다. 영국으로 이주한 미국인 해리 고든 셀프리지(Harry Gordon Selfridge)는 최초의 현대식 백화점 모델 셀프리지스를 설립하고 "고객은 항상 옳다"라는 모토 아래 현대 고객 중심 쇼핑 문화를 창조한 선구자였다.

매장의 캐비닛에 숨겨져 있던 제품을 고객이 직접 보고 만지고 느낄 수 있도록 진열하고, 고객의 시선을 사로잡고 스토리텔링하는 '윈도 디스플레이'를 통해 보고 즐길 수 있는 쇼핑 문화를 만들었으며, 1층을 화장품과 향수 품목 등을 판매하는 여성 뷰티 코너로 구성하고, 여성 화장실과 카페를 통해 여성들이 더 오랜 시간 머무를 수 있도록

●● 셀프리지스의 옐로는 주목성이 높아 멀리서도 눈에 잘 띈다.

했다. 오래된 재고들을 할인된 가격에 판매하는 프로모션을 진행하고, 유명인을 이용해 제품 광고를 하고, 백화점 옥상정원에서 공연하거나 아이스링크를 만들고, 엘리베이터를 설치하고 쇼윈도에는 야간 조명을 밝혔다.

셀프리지스는 2012년 파리 세계 백화점 정상회의에서 세계 최고의 백화점으로 다시 한 번 선정되기도 했다. 셀프리지스는 강력한 프로필, 성공적인 제품 개발과 실현, 매장과 서비스의 혁신적인 전략, 뛰어난 매장에서의 경험 전달, 훌륭한 고객 서비스, 강력한 재무 성과 기준에서 최고점을 얻었다.

브랜드 인지도에 크게 영향을 미친 것은 셀프리지스의 아이코닉 옐로 '팬톤 109' 컬러다. 약간의 마젠타(magenta)가 섞인 이 선명한 옐로는 헤로즈(Harrods), 리버티(Liberty), 존루이스(John Lewis) 등 런던의 다른 백화점 사이에서 셀프리지스를 가장 돋보이게 해주는 일등 공신이다. 사람들이 걸어 다니는 거리 곳곳에서 볼 수 있는 셀프리지스 옐로 쇼핑백은 걸어 다니는 광고판으로 지속적으로 사람들에게 셀프리지스를 상기시킨다.

2009년 100주년 기념 및 2012년 런던 올림픽 맞이로 기획한 프로모션 '빅 브리티시 뱅(Big British Bang)'과 함께 선보인 '더 빅 옐로 숍(The big yellow shop)'은 팬톤 109 컬러를 테마로 한정 제품을 출시 판매했다.

따스한 햇살을 품고 있는 듯한 이 공간과 제품들은 단번에 사람들의 시선을 사로잡고 즉각적으로 긍정적인 에너지를 전달한다. 셀프리지 웹사이트 역시 이 아이코닉 컬러를 활용한 웹디자인으로 일관성 있는 브랜드 아이덴티티를 유지하고 있다. 게다가 최근 환경 이슈에 대응하며 버려지는 종이컵을 재가공해 옐로 쇼핑백을 만들면서 이 옐로 컬러는 더욱더 사람들의 주목을 받고 있다.

어디서든 쉽게 찾을 수 있는
오렌지 로커

전 세계 도시를 여행하다 보면 이제 길거리에서 눈에 띄는 오렌지 로커를 발견할 수 있다. 궁금했던 보관함의 정체는 바로 유통의 거대 공룡 아마존의 새로운 택배 배송 서비스 아마존 로커(Amazon locker)다.

아마존 온라인 쇼핑몰에서 주문한 제품을 현재 자신의 위치와 가장 가까운 곳에서 받을 수 있는 편리한 서비스로, 새로운 패밀리 브랜드 역시 아마존의 시그니처 컬러 아마존 오렌지를 그대로 유지하고 있다. 블루 색조를 띠지 않는 옐로 오렌지 컬러는 무엇보다 아마존 로커 서비스에 최적화된 컬러로 주목성과 명시도가 높아 고객들이 낯선 지역 혹은 원거리에서도 쉽게 로커를 찾을 수 있다.

아마존 설립자 제프리 프레스턴 베조스(Jeffrey Preston Bezos)는 세계에서 가장 큰 강인 아마존을 브랜드명으로 선택한 이유를 세계에서 가장 큰 시장을 만들기 위해서라고 했다. 4차 산업 혁명 시대에 아마존은 A부터 Z까지 모든 제품을 취급하며 가장 혁신적인 아이디어와 플랫폼을 가지고 가장 무섭고 빠른 성장률을 보여주며 전 세계에 오렌지 물결을 일으키고 있다.

● ● 아마존의 오렌지는 어둠 속에서도 눈에 잘 띈다.

계산대가 없는 인공지능 무인 편의점 '아마존 고(Amazon go)', 온라인 쇼핑몰에서 평점 별 4개 이상을 받은 제품만 판매하는 '아마존 4 스타(Amazon 4 star)', 가입비 연 119달러를 내면 무료 배송 및 음악과 영화 스트리밍 서비스를 제공하는 맴버십 프로그램 '아마존 프라임(Amazon prime)'까지 아마존이 선보이는 새로운 비즈니스 모델들은 그들의 눈에 띄는 브랜드 컬러만큼이나 세상의 이목을 집중시키고 있다.

옐로는 쾌활하고 생기를 주며 기운을 북돋우는 태양의 컬러로 결코 우울함이나 실망감 혹은 슬픔을 연상시키지 않는다. 따사로운 햇살 속에서 기분을 고조시키는 최고의 컬러다. 또 스펙트럼에서 레드와 오렌지 옆에 있는 컬러로 혈류와 맥박을 증가시키는 효과가 있으며, 계절성 정서 장애 우울증(SAD syndrome)을 완화하는 컬러이기도 하다.

사람 중에도 이런 옐로 에너지를 가진 사람이 있다. 국민 개그맨 유재석은 그만의 재치 있는 유머로 전 국민에게 웃음을 줄 뿐만 아니라 언제나 주변 사람을 배려하고 예의 바른 태도로 사람들에게 긍정적인 에너지를 전해준다. 실제로 옐로 옷을 즐겨 입기도 하는데 일반적으로 꽤 소화하기 힘든 이 컬러가 그에게는 정말 잘 어울린다. 그래서 행복감을 주고 기운을 북돋우는 그의 옐로 에너지는 그를 더 눈에 띄게 하고 사람들을 끌어들이며 계속 그와 함께 머무르게 한다. 주목받는 컬러를 결정하기 전에 주목받을 수 있는 마인드와 태도를 갖추는 것이 선행되어야 할 것이다. 그리고 그 시작점에서 당신이 만들어낸 긍정의 옐로 에너지는 언젠가 사람들에 눈에 띄고 사람들을 움직이게 하는 엄청난 힘을 발휘하게 될 것이다.

입소문을
퍼뜨리는 컬러

03

여자들이 모이면 가장 많이 하는 얘기 중 하나가 바로 화장품이다. 오늘 바른 립스틱 색은 어느 브랜드의 몇 번인지, 도자기 피부를 만들어준 비결의 파운데이션은 어떤 제품인지, 요새 건조해진 피부를 위해 어떤 수분 크림이 좋은지 등등 끝없는 질문과 대답이 오가며 정보가 공유된다.

화장품은 개인의 취향이나 스타일보다 '사용 효과'가 중요한 구매 기준이다. 클렌징 제품의 세정력, 수분 제품의 보습력, 화이트닝 제품의 미백 효과, 재생 제품의 개선 효과, 파운데이션의 밀착력과 지속력, 립스틱의 발색력까지 이것저것 따져 봐야 할 것이 정말 많다.

이와 관련해 여성 소비자는 브랜드가 전하는 메시지보다 친구나 주변인의 경험에 의한 조언을 더 신뢰한다. 뷰티 블로거, 뷰티 인스

●●● 즉각적으로 오랫동안 더 화사하게 더 뽀얗게 만들어주는 뷰티 아이템은 더 빨리 입소문을 일으킨다.

타그래머, 뷰티 유투버 등을 팔로우하며 끊임없이 새로운 정보를 업데이트하고 뷰티앱을 통해 제품별 리뷰와 랭킹을 확인한다.

여성 화장품은 생각보다 브랜드 충성도가 높지 않다. 여성 소비자는 요새 좋다고 하는 화장품을 찾아 수많은 브랜드를 거쳐 간다. 나또한 얼마 전 뷰티 앱 '화해'의 랭킹을 탐독하며 기존의 아이오페 에어쿠션에서 숨37도 워터풀 CC쿠션 퍼펙트 피니쉬로 바꾸고, 다시 샤넬 르블랑 라이트 크리에이터 브라이트닝 메이크업 베이스와 에스티로더 더블 웨어 스테이 인 플레이스 메이크업 파운데이션, 메이크업 포에버 울트라 HD 마이크로 피니싱 루스 파우더로 베이스 메이크업을 다시 세팅했다.

긴 제품명을 정확하게 기억하는 고객은 거의 없다. 제품이 강력한 입소문을 일으키기 위해서는 기억하기 쉽고 설명하기 쉬운 제품명과 특징을 가지고 있어야 한다.

원래의 제품명보다 특징을 집약하고 있는 별명이 있으면 더 강력한 전파력으로 빠르게 알려진다. 여성들은 온·오프라인을 넘나들며 화장품에 대한 엄청난 입소문을 일으킨다.

마법 같은 입소문을 일으키는 보라색 병

친구가 좋다고 했는데, 샘플을 써봤는데, 광고에서 봤는데, 하고 정확한 이름은 기억하지 못하면서도 "보라색 병 주세요"라고 얘기하는 고객이 생각보다 많았다. 화장품 브랜드 마케팅을 하다 보면 매장 지원이나 이벤트 지원을 나가는 경우가 많은데 고객과의 접점에서는 새삼 깨닫게 되는 것도 많다. 무엇보다 고객은 우리의 욕심이나 바람만큼 많은 것을 기억해주지 않는다.

보라색 병으로 유명한 '모이스처 리포솜(Moisture Liposome)'은 데코르테(Decorte)의 스테디셀러 제품이다. 세계 최초의 에센스를 출시했던 고세(Kose)는 화장품 제조 판매 전문 기업으로 1970년 하이 프리스티지 브랜드 데코르테를 론칭했다. 발매 당시 큰 이슈를 일으켰던 100만 원이 넘는 고가의 영양 크림이 데코르테의 상징적인 제품이라면, 탁월한 보습 효과가 있는 모이스처 리포솜은 가장 판매량이 많은 브랜드의 대표 제품이다. 1992년 탄생한 이 제품은 여러 겹으로 싸여 있는 0.1마이크론 사이즈의 작은 캡슐이 시간이 지남에 따라 하나씩

쉽게 기억되고 전달되는 컬러를 활용하면 입소문을 일으키기 쉽다.

터지면서 피부에 지속적인 보습 효과를 주는 마법 같은 에센스다.

피부가 건조해지는 계절이 오면 대대적인 프로모션을 하는데 이 제품 프로모션의 테마는 언제나 퍼플 컬러였다. 퍼플 쇼핑백에서부터 퍼플 표지의 제품 브로셔와 퍼플 파우치 판촉물을 제작하고, 매장의 VMD와 판매 직원들의 유니폼도 모두 퍼플로 바꾸어 주변이 온통 퍼플 물결이다. 신비로운 매력을 발산하는 이 환상적인 퍼플 컬러는 사람들의 시선을 사로잡았고, 특히 여성들의 선호도가 높은 퍼플은 여성 고객들의 좋은 호응을 일으켰다. 그리고 입에서 입으로 그 마법의 보라색 병은 지금도 계속 퍼져 나가고 있다.

별에서 온
사랑스러운 핑크

14년 만에 드라마로 돌아온 전지현의 복귀작 〈별에서 온 그대〉는 여러 개의 천송이 아이템을 쏟아내어 패션과 뷰티업계를 들썩이게 하였다. 천송이 선글라스, 천송이 재킷, 천송이 코트, 천송이 야상, 천송이 어그, 천송이 백 등 매회 방송마다 실시간 검색어에 오르며 젊은 여성은 열정적으로 천송이 아이템 찾기에 나섰다.

무엇보다 대한민국을 뒤흔들었던 아이템은 천송이 핑크 립스틱, 입생로랑 루주 뷔르 쿠튀르 52호 '로지 코럴'이다. 오렌지빛이 살짝 도는 핫핑크로 발색력이 좋아 한 번만 발라도 얼굴에 화색이 돈다. 로지 코럴은 방송 이후 입생로랑 전국 매장에서 금세 품절 대란을 일으켰고, 무엇보다 전 세계 입생로랑 매장의 로지 코럴 립스틱 재고를 대한민국으로 다 끌어왔다는 얘기가 들려왔다.

사람들은 무엇 때문에 그렇게 열광했던 것일까? 물론 다른 고가의 명품들보다 접근하기 쉬운 면도 있었지만, 천송이를 더 예쁘고 사랑스럽게 보이게 만들었던 로지 코랄 핑크 컬러가 수많은 여성의 마음을 사로잡았던 것이다.

1957년 오드리 헵번이 주인공으로 출연했던 영화 〈퍼니 페이스 (Funny Face)〉에 나온 "핑크를 생각하세요(Think pink)"라는 대사는 여성들에게 핑크가 얼마나 사랑스러운 컬러인지를 알려주었다. 그때 전 세계 여성들은 여자가 핑크에 둘러싸였을 때 얼마나 예뻐 보이는지 깨닫게 되지 않았을까.

기분이 고조되었을 때 발그레해지는 뺨처럼 여성들은 핑크에 반응하고 핑크는 여성들을 사랑스
럽게 만든다.

2013년, 대한민국을 강타했던 어마어마한 핑크 태풍을 계기로 입생로랑은 한동안 주춤했던 브랜드 입지를 다시 다지며 색조 브랜드의 대세가 되었고 새로운 전성기를 맞이하게 되었다. 사실 천송이는 극중에서 이 입생로랑 제품을 바른 적이 없는데, 전지현이 제작 발표회 때 발랐던 것이 블로거 사이에서 와전되었던 것이라고 하니 이 또한 대단한 사건이 아닐 수 없다. 이처럼 컬러는 화젯거리가 되고 세상을 떠들썩하게 만드는 힘을 가지고 있다.

스타트업 회사가 정부 지원 사업이나 투자 회사로부터 투자를 받기 위해서는 무엇보다 자신의 아이템을 한 줄로 간결하고 명쾌하게 설명할 수 있는가가 사업의 가능성을 판가름하는 중요한 기준이 된다. 사업계획서를 제출할 때도, 프리젠테이션을 할 때에도, 제품 브로셔를 만들 때에도 당신의 제품을 한 줄로 설명할 수 없다면 투자자를 설득하기도, 소비자를 설득하기도 어렵다.

디자인도 마찬가지로 간결하고 명쾌한 디자인이 전달력과 확산력이 높다. 단번에 이해하기 쉽고 기억하기 쉬운 디자인을 완성하기 위해서는 제품의 콘셉트를 잘 드러낼 수 있도록 형태, 질감, 컬러 등의 요소를 적절하게 설계해야 한다. 무엇보다 제품의 특징과 고객의 감성이 잘 어우러진 컬러는 제품명보다 빠르고 멀리 사람들의 입과 입을 통해 전해져 우리의 제품을 세상에 널리 알려줄 수 있다.

마크 로스코(Mark Rothko)는 러시아 출신의 미국 화가인데 색면 추상이라 불리는 추상표현주의의 선구자다. 2015년 예술의 전당에서 열린 국내 전시회에서 그의 그림과 마주했을 때 나는 왜 그가 위대한 예술가로 평가받는지 공감할 수 있었다. 블랙과 핫핑크, 포레스트 그린과 코발트 블루, 옐로와 레드, 핫핑크, 화이트, 블랙 그리고 오렌지. 그의 작품은 특별한 형태 없이 그저 2~3가지 컬러의 면으로 이루어져 있다. 제목도 무제인데, 하나씩 집중해서 보면 신기할 만큼 각각 다른 감정이 살아났다. 어릴 적 기억도 떠오르고, 과거에 만났던 어떤 사람도 떠오르고, 힘들었던 기억과 행복했던 기억이 떠올랐다.

비주얼 머천다이징에서 상품의 컬러 진열은 우리의 시각적 반응에 초점을 맞추고 있다. 가장 기본적인 것은 보색 컬러 배열이다. 빨간색을 팔고 싶으면 주변에 가벼운 청록색을 두고, 녹색을 팔고 싶으면 주변에 밝은 연분홍색을 둔다. '보색 대비'는 주인공과 조연의 역할을 분담해 주인공이 좀더 돋보일 수 있도록 조연이 도와준다고 생각하면 된다.

컬러의 진출과 후퇴 효과를 활용해 고객과 가까운 메인 진열대에 레드, 오렌지, 옐로, 핑크 같은 진출색을 진열하고, 먼 곳에는 더 멀리 보이는 블루나 블랙 등의 후퇴색을 진열할 수도 있다. 이러한 극적인 대비감은 고객이 좀더 시각적으로 잘 반응할 수 있게 만든다.

주로 의류와 같이 가로로 긴 옷걸이 매대에 유용한 무지개색 진열법의 핵심은 양 끝에 유행색을 배치하는 데 있다. 블루가 유행이라면 가장 인기 있는 다크 블루를 시작으로 퍼플, 레드, 오렌지, 옐로, 그린을 배열하고, 반대편 끝에 그다음으로 주력하는 컬러인 라이트 블루를 둔다. 반대로 세로로 긴 벽장형 진열장은 늘 마지막 하단이 사각지대가 되기 쉬운데, 상단에서부터 어두운색, 중간 밝기색, 밝은색 순으로 진열하면 모든 선반의 제품을 살릴 수 있다.

만약 해당 브랜드가 주력하는 특정 컬러가 있다면 모두 한곳에 모아 분위기를 지배하는 도미넌트 컬러 진열법을 활용하는 것이 효과적이다. 또 상품별 구분보다 컬러별 구분으로 진열하는 것도 컬러를 활용해 매출을 올릴 수 있는 좋은 방법이다. 과거 베네통은 상품별 진열에서 컬러별 진열로 바꾼 후 매출이 1.5배 상승했다.

● ● (위쪽) 무지개 컬러 진열 (아래쪽) 도미넌트 컬러 진열

긴 무지갯빛 터널을 따라
만날 수 있는 제품들

매장을 임대하기 위해 자리를 알아보다 보면 자신의 조건에 완벽하게 맞아떨어지는 곳을 찾기가 쉽지 않다. 우선 타깃 지역을 중심으로 매장 크기, 구조, 층수, 설비 등을 따지다 보면 한정된 예산과 조건 때문에 몇 가지 사항은 포기하게 된다. 만약 폭이 좁고 긴 복도 같은 매장 자리를 얻게 되었다면 고민이 될 수도 있다. 아무래도 폭이 넓은 매대는 배치하기도 쉽지 않을뿐더러 자칫 제품 진열을 잘 못 하면 고객이 입구 근처만 구경하다가 매장 안 깊숙이 들어오지 않는 사태가 발생할 수도 있다. 하지만 터널같이 긴 공간은 분명 그 공간 나름의 매력이 있다. 끝이 잘 보이지 않는 긴 터널은 호기심과 기대감을 불러일으킨다.

공간은 크기나 형태별로 다른 심리적 반응을 불러일으킨다. 정사각형의 공간은 정적이고 방향성이 없어서 편안한 느낌을 준다. 하지만 세심한 디자인이 없으면 지루하고 무의미한 공간이 될 수도 있다. 직사각형은 긴 두 변과 짧은 두 변이 있기 때문에 방향성이 있고, 그 길이가 길어질수록 수직으로 시각적·물리적 운동성을 증가시킨다.

뉴욕 소호에 오픈한 아가타 루이즈 드 라 프라다(Agatha ruiz de la prada) 매장은 만화경처럼 길고 컬러풀한 공간이다. 알록달록한 컬러가 특징인 그녀의 옷들은 아기와 어린이 옷들과 신발로 더 유명해졌는데, 이 매장은 아이들의 호기심을 자극하고 동심을 느낄 수 있는 신기하고도 즐거운 공간이다. 형형색색의 컬러 띠가 바닥에서부터 벽, 천

● ● 긴 매장 끝 창고 문에 거울을 달아 착시 현상을 일으켜 끝이 없는 무지개 터널이 펼쳐진다.

장까지 연결되고 긴 터널을 따라 컬러가 반복되어 보인다. 긴 옷걸이에는 무지개 컬러별로 옷이 진열되어 있고 화이트의 긴 테이블 매대에는 다채로운 컬러의 소품들이 진열되어 있다. 일렬로 진열된 제품들은 방향성을 가지며 고객들이 계속 매장 속으로 들어가게 만든다.

컬러 속에서 컬러를
찾는 재미

프랑스가 만들고 대한민국 국민이 하나씩 신는다는 운동화 벤시몽(Bensimon)은 무심한 듯 멋스러운 프랑스 감성 스니커즈다. 대체 왜 이 평범하게 생긴 스니커즈에 사람들이 열광할까 싶지만 새것일 때부터 새것이 아닌 듯 자연스럽고 편안한 멋, 그것이 벤시몽의 매력이다.

나도 마레지구의 벤시몽 매장에 들러 국민 운동화 신기에 동참하기로 했다. 신발들은 엇갈려서 층층이 각기 다른 높이로 쌓여져 있었는데 컬러 배열 역시 사이즈 재고에 따라 각각 달랐다. 같은 컬러나 비슷한 컬러끼리 쌓여 있기도 하고, 대조되는 컬러끼리 섞여 있기도 했다. 나는 내 발 사이즈에 맞으면서 내가 원하는 컬러의 스니커즈를 고르기 위해 한참 동안 여러 개의 신발을 신어보았다.

매장의 제품 진열 방식은 무지개 진열과 스크램블(규칙성이 없이 섞여 있는 상태) 진열이 혼합된 형태가 벤시몽다웠다. 만약 반듯하게 줄을 맞추어 완벽하게 컬러별로 구분되어 벤시몽의 스니커즈가 진열되어 있었다면 분명 벤시몽 스니커즈의 콘셉트와 어울리지 않아 어색했을

벤시몽의 불규칙한 컬러 배열 방식은 꾸미지 않은 듯 감각적인 브랜드의 개성과 매력을 잘 표현하고 있다.

것이다. 고객의 탐색 욕구를 자극하는 컬러 진열 또한 기발하고 감각적인 컬러 진열법이다.

골든존(golden zone)은 소비자가 매대의 진열 공간을 보았을 때, 눈높이에 맞아 시야에 가장 잘 들어오는 높이 90~120cm의 진열공간이다. 이제 백화점 평균 매대는 한국인 평균 신장이 커짐에 따라 79cm에서 현재 82cm로 3cm 높아졌다. 상품 진열에는 수많은 규칙이 있지만 그 틀은 어떤 변화나 혁신 때문에 깨어질 수 있다.

컬러 진열도 마찬가지다. 당신만의 새로운 아이디어로 기존의 전형적인 컬러 진열 방식은 진화될 수 있다. 변하지 않는 원칙은 '고객의 시선'에서 바라보는 것이다. 고객이 무엇을 원하고 기대하는지, 어떻게 반응하고 움직이는지를 세심하게 관찰한다면 좀더 나은 해답을 찾을 수 있을 것이다.

컬러는 수학 공식처럼 '1+1=2'와 같이 정답이 나오는 것이 아니다. 미묘한 차이로 목표한 성과를 이룰 수도 있고, 전혀 예상하지 못한 엉뚱한 결과가 나올 수도 있다. 진열 방식 역시 우리 매장과 상품에 최적화된 방식을 찾는 과정이 요구된다. 몇 번의 테스트 진열과 고객 반응을 살피면서 우리 매장만의 독특하고 매력적인 컬러 진열 방식을 찾는 노력이 필요하다.

컬러 전문가처럼 매장을 꾸미는 법

컬러를 다루는 것은 일반적으로 디자이너의 업무에 속한다. 하지만 이 컬러라는 것이 워낙 방대하고 전문적인 지식과 기술을 필요로 해서 요즘은 별도의 포지션으로 분리되는 추세다. 컬러 전문가 역시 패션, 화장품, 제품, 건축, 심리치료, 그래픽이나 영상물 등 그 활동 영역이 세분되어 있다.

컬러 조합으로 완성하는 공간 디자인

우리나라에서는 컬러 전문가를 주로 '컬러리스트'라고 부르는데 영어로는 일반적으로 '컬러 스페셜리스트'라고 부른다. 일본에서는 주로 주택, 호텔, 레스토랑 등 인테리어나 패션, 백화점, 숍 등 상품 디자인 그리고 디스플레이, 건축, 토목경관 등에서 색채 및 배색에 관해 조언하는 전문가를 컬러 코디네이터라고 부른다. 혹은 컬러 어드바이저, 컬러 컨설턴트라고 부르기도 한다. 그리고 컬러 관련 전문가 자격증들도 있는데 컬러 관련 업무를 하기 위한 필수 조건은 아니지만, 컬러 기본 지식을 얻는 데에는 도움이 된다.

우리나라 컬러리스트 자격시험은 컬러 이론 시험과 조색(調色) 실기 시험을 포함하고 있다. 일본동경상공회의소에서 주최하는 컬러 코디네이터 시험은 1급, 2급, 3급 세개 레벨이 있는데 가장 높은 1급은 제품, 패션, 환경 세 개의 분야로 나뉘어 컬러 이론 시험과 컬러 관련 이슈에 관해 서술하는 논술 시험을 같이 치른다.

제품이나 패션 컬러가 소수의 컬러 매칭을 다룬다면, 규모가 큰 공간 디자인은 공간을 구성하는 요소들이 많아서 아름답고 쾌적한 공간을 창조하기 위해 수많은 컬러의 조합에 신경을 써야 한다. 그래서 최근 건축 회사나 인테리어 회사에서는 컬러 전문가 포지션을 두어 보다 완성도 높은 공간 컬러 팔레트를 만드는 데 노력하고 있다. 세상에 아름답지 않은 컬러는 없다. 아름답지 않은 컬러 조합이 있을 뿐. 그래서 2가지 이상의 컬러를 함께 사용할 때는 주의를 기울여야 한다.

다양한 톤으로
만들어내는 다채로움

배색은 2가지 이상의 컬러를 배열하는 것을 말하는데, 이것은 기능, 목적, 효용에 따라 다양한 방법이 있고, 미적인 조화로움을 이루는 데 목적을 두고 있다. 집이나 매장 인테리어 리뉴얼 공사를 해본 이들은 누구나 공감할 것이다. 나의 공간을 완성해내기 위해 수많은 컬러를 조화롭게 만드는 일은 매우 까다롭고 골치 아픈 일이다.

시공을 의뢰한 인테리어 회사에서는 벽지, 타일, 바닥재, 몰딩, 걸레받이 등 모든 자재의 컬러 샘플을 보여주며 선택을 하라고 한다. 다 비슷해 보이는 자재의 컬러 중에서 하나를 고르기도 어렵고, 수많은 페인트 컬러 중에서 하나를 고르는 일도 힘들다. 평소 결정 장애가 없다고 하더라도 이때만큼은 단호한 결정을 내리기가 쉽지 않다. 하지만 몇 가지 기본 원칙만 가지고 있다면 그 결정은 조금 수월해질 수 있다.

가장 기본적인 컬러 조합의 원칙 4가지가 있다. 첫째, 동일·동계색을 톤을 달리하여 레이어드하는 '톤 온 톤(tone on tone)', 둘째, 같은 톤의 다른 색상을 조합하는 '톤 인 톤(tone in tone)', 셋째, 색상환(색상에 따라 계통적으로 색을 둥글게 배열한 것)에서 옆에 있는 컬러(레드와 오렌지, 오렌지와 옐로, 블루와 퍼플)끼리 조합하는 '유사색 조화', 넷째, 색상환에서 마주보는 컬러(레드와 그린, 옐로와 퍼플, 오렌지와 블루)끼리 조합하는 '보색 조화'가 있다. 그중 톤 온 톤 배색은 동일·동계색을 다양한 셰이드(농담)로 표현해 심플하면서도 풍부한 느낌을 표현할 수 있는 방법이다.

● ● 핑크 컬러와 지브라 패턴으로 만들어내는 비현실적인 공간은 현실에서 그랜드 부다페스트 호텔을 경험해볼 기회를 제공한다.

인도 동북부 칸푸르(Kanpur) 지역에 오픈한 레스토랑 피스트 인디아 코(Feast India Co.)는 강렬한 핑크 지브라 패턴으로 외관부터 실내까지 꾸며졌다. 뉴델리에 있는 건축회사 레네사 스튜디오(Renesa studio)에 의해 디자인되었는데, 라운지부터 바, 다이닝룸, 테라스까지 총 4,000평방미터 크기다. 영화 〈그랜드 부다페스트 호텔〉처럼 시각적으로 눈에 띄는 공간 디자인을 원했던 클라이언트의 요청에 따라 영화 촬영지 같은 레스토랑이 되었다.

〈뉴욕 타임즈〉 에디터 폭스 메이샤크(Fox Mayshark)는 〈그랜드 부다페스트 호텔〉 영화를 현실주의나 초현실주의 혹은 마술 같은 현실이 아닌 동화적인 감성의 '바로크 팝(록과 클래식 음악이 결합된 퓨전 장르)' 취향이라고 묘사했다. 그러한 감성을 담은 피스트 인디아 코 레스토랑은 키치 시크(저속하면서 세련된)와 레트로(복고의), 모던하면서 식민지적인 것, 장식적이면서 구조적인 것이 결합되어 만들어졌다. 밀레니얼 핑크부터 핫핑크까지 다양한 색조의 핑크가 만들어내는 톤 온 톤 배색은 풍부한 핑크의 감성을 표현하고, 블랙 스트라이프 패턴과의 조합을 통해 강렬하고 세련된 이미지를 만들어냄과 동시에 무채색을 더해 공간의 균형감을 잡아주었다.

톤 온 톤 배색은 페인트 컬러뿐만 아니라 소재의 컬러를 활용해 완성할 수도 있다. 다양한 목재의 컬러를 레이어드하듯이 함께 사용할 수 있고, 석재나 철제의 컬러를 함께 사용해 풍부한 느낌을 주는 그레이 톤의 컬러 팔레트를 완성할 수도 있다. 혹은 다양한 녹색 식물을 인테리어 장식 요소로 활용해 그린 컬러의 톤 온 톤 배색을 만들 수도 있다. 다양한 소재나 질감, 그리고 패턴을 활용하면 한 가지 컬러를 가지고도 다채로운 이미지를 전달할 수 있다.

공간의 컬러는 하나의 컬러보다 주변 컬러와의 조화로움이 더 중요하다. 필자 역시 이 일을 시작하게 된 계기는 새로운 하나의 컬러를 만들어내는 것보다 컬러 매칭을 통해 새로운 이미지를 창조해내는 것에 매력을 느꼈기 때문이다.

컬러의 수많은 법칙 중 가장 기본적인 법칙에 관해 얘기했지만 이조차 어렵다고 느낀다면 그냥 다 잊어버려도 좋다. 가장 훌륭한 색채 조화론을 정립한 색채학자는 바로 자연이다. 하늘, 바다, 숲, 그리고 꽃, 곤충, 동물들은 가장 완벽한 컬러 조화를 보여주는 교과서와 같다. 직접 자연의 컬러를 찾아 여행을 떠나거나 인터넷에서 이미지 리서치를 통해 아름다운 자연의 컬러를 참고 삼아 공간 컬러 계획을 세우면 된다. 조금만 관심을 둔다면 주변 어디에서든 더 멋진 공간 연출을 위한 컬러를 찾아낼 수 있다.

컬러는 '착시 효과'를 일으킨다. 그래서 인테리어 시공을 할 때 컬러를 잘 활용하면 벽을 철거하거나 천장을 높이는 등의 구조적인 변경 없이 원하는 효과를 노릴 수 있어 비용을 절감할 수 있다.

작은 매장을 넓어 보이게
만드는 컬러 트릭

바르셀로나의 중심 파세오 데 그라시아 지역 근처에 자리 잡고 있는 어린이 신발 매장 리틀 슈즈(Little Shoes)는 100평방미터 약 30평 규모의 작은 매장이지만 결코 좁은 느낌이 들지 않는 매장이다. 어린이들이 글자나 숫자를 쓰고 그림을 그리는 모눈종이 노트에서 모티브

● ● 바닥, 벽, 천장을 같은 컬러로 통일하고 명도가 높은 컬러를 사용하면 작은 공간을 넓어 보이게
　　　만들 수 있다.

를 얻어 만들어진 이 숍은 바닥재부터 벽, 천장까지 모두 같은 컬러와 패턴의 세라믹 타일로 둘러싸여 있어 작은 공간이 결코 답답하게 느껴지지 않는다. 타일은 화이트 유광에 타일 줄눈은 파스텔톤 민트 컬러로 채워져 있어서 공간은 한층 더 밝아 보이고 깨끗한 느낌이 든다. 5×5센티미터, 10×10센티미터, 20×20센티미터의 3가지 사이즈의 타일을 섞어서 사용하여 자칫 한 가지 패턴으로 지루하게 느껴질 수 있는 공간에 리듬감을 부여하고 모든 오브제의 라인은 완벽하게 맞아떨어져 깔끔하게 정돈되어 보인다. 이 그리드 패턴은 제품을 디스플레이할 때 위치를 잡는 데 가이드 라인이 되기도 해서 유용하다.

높낮이가 다른 큐브 박스를 쌓아올린 형태의 디스플레이 테이블은 그리드 패턴에 또 다른 변화를 주어 생기를 더하고 아이들이 좋아하는 블록 쌓기 놀이를 연상시켜 동심을 느끼게 한다. 파스텔톤의 민트 컬러에 부드러운 감촉의 패브릭 커튼은 유년시절의 따뜻한 감각을 불러일으킨다. 타일 벽 한쪽 구석에서 발견할 수 있는 어린아이가 낙서한 듯한 핸드 라이팅 글자와 핸드 드로잉 그림들은 좀더 친근감을 느끼게 한다.

화이트&블랙 컬러가
만들어내는 2D공간

우리가 존재하는 공간은 3차원 공간이다. 일반적인 책이나 영화 등의 영상물은 보통 2D다. 페이지를 넘기면 그림들이 튀어 오르는 팝업북이나 특수 안경을 쓰고 보면 입체감이 느껴지는 3D 영화가 만들어지기도 한다. 인테리어 디자인을 할 때에도 보다 실감 나는 공간감이 있도록 3D 디자인을 한다.

반대로 현실의 3D공간을 2D공간으로 바꾸면 그 속에서 우리는 어떤 기분이 들까? 어떻게 하면 그런 공간을 만들 수 있을까? '흰색 면'과 '검은색 선'을 이용하면 3D 공간을 2D 공간과 같이 평평해 보이는 착시 효과를 일으킬 수 있다.

'카페 연남동 223-14'는 핸드 드로잉한 듯한 라인으로 그려진 만화의 한 장면 같은 이미지를 담고 있는 공간이다. 화이트 벽에는 소파 등받이나 창문, 액자 등이 그려져 있고, 테이블이나 의자의 모서리에는 블랙 라인을 더해 마치 2D 공간 속에 들어와 있는 듯한 착각이 들게 한다. 가장 인스타그래머블한 연남동 카페는 사진 찍기 좋은 장소로도 유명하다.

● ● 컬러 트릭으로 완성된 이 공간은 흑백 만화책 속으로 들어온 듯한 특별한 경험을 선사한다.

컬러트릭
활용하기

　오프라인 매장이 성공하기 위한 첫 번째 조건은 위치다. 같은 콘셉트의 프랜차이즈 매장이라고 할지라도 얼마만큼 유동 인구가 많고, 찾아가기 쉬운 좋은 자리에 있는가에 따라 매출이 달라진다. 좋은 자리는 역시 비싼 임대료 때문에 원하는 만큼 큰 규모의 매장을 얻기도 힘들고, 실내 구조 역시 완벽하지 않을 수 있다.

　이럴 때 컬러 트릭(color trick)을 활용하면 큰 비용을 들이지 않고도 공간을 변화시킬 수 있다. 해가 잘 들지 않는 북향이나 지하 매장이라면 화이트나 옐로 혹은 라이트 톤과 같이 명도가 높은 컬러를 사용해 밝고 따뜻한 기운을 불어넣을 수 있다. 지나치게 좁고 긴 매장이라면 벽과 바닥의 컬러를 2가지 이상으로 칠해 경계를 지어 단점을 보완할 수 있고, 끝쪽 벽을 어두운 컬러로 칠하고 바닥과 천장을 밝게 유지하면 긴 공간이 조금 더 짧아 보이게 만들 수도 있다.

　인테리어에서 그레이는 만능 컬러로 요란한 컬러들로 분위기가 너무 들떠 있거나 왠지 산만해 보이는 공간에 더해주면 분위기를 안정감 있게 정돈할 수 있다. 그레이는 다른 색들과 충돌하지 않기 때문에 배경색으로 활용하면 유용하다. 컬러 트릭은 알아두면 쓸모 있는 실용적인 지식이다.

컬러 트릭

컬러를 활용해 공간을 넓어 보이게 할 수 있다. 다음은 공간이 넓어 보이는 컬러 트릭이다.

- 블루와 같이 차가운 느낌의 컬러는 후퇴하는 성질 때문에 공간을 더 넓어 보이 게 만든다.
- 모든 표면을 같은 컬러나 자재로 통일하면 표면 절개선이 없어 시각적으로 연 장되어 보이는 효과가 있기 때문에 공간이 넓어 보인다. 벽지나 몰딩을 모두 같 은 색으로 칠해도 같은 효과가 있다.
- 바닥은 어둡게, 벽은 밝게 하면 역시 시각적으로 넓어 보인다.
- 천장을 벽보다 밝은 톤으로 칠하거나 몰딩을 천장보다 어두운 톤으로 칠하면 낮은 천장이 높아 보이는 착시 현상을 일으킨다.
- 바닥은 가장 짙은 톤, 천장은 가장 옅은 톤으로 칠하면 공간이 넓어 보인다.
- 가로 스트라이프 패턴은 공간을 넓어보이게 하고 세로 스트라이프 패턴은 천장 이 높아 보이게 만드는 착시 효과가 있다.
- 커다란 집기나 가구들과 벽을 같은 컬러로 통일시키면 가구들은 작아 보이고 공간은 넓어 보인다. 컬러에 통일성을 주면 형태적인 요소가 컬러에 묻히게 되 어 하나의 물체로 보이기 때문이다.
- 명도가 높은 컬러는 확장되어 보이기 때문에 공간이 넓어 보인다.

| 참고 문헌 및 사이트 |

[참고 도서]

《Colors for your every mood》, Leatrice Eiseman, Capital books, 2000.

《건축학교에서 배운 101가지》, 매튜 프레더릭 지음, 장택수 옮김, 도서출판 동녘, 2008.

《김메주의 유튜브 영상 만들기》. 김혜주 지음, 이지스퍼블리싱, 2018.

《디자이닝 브랜드 아이덴티티》, 앨리나 휠러 지음, 최기원 옮김, 비즈앤비즈, 2016.

《무인양품디자인1》, 닛케이디자인 지음, 이현욱 옮김, 미디어샘, 2009.

《살아있는 마케팅 심리학》, 시게타 슈지 지음, 방규철 옮김, 일빛, 2004.

《색의 놀라운 힘》, 장 가브리엘 코스 지음, 김희경 옮김, 이숲, 2016.

《색의 비밀》, 노무라 준이치 지음, 김미지자 옮김, 국제, 2005.

《색채용어사전》, 박연선 지음, 도서출판예림, 2007.

《시사상식사전》, pmg 지식엔진연구소, 박문각, 2018.

《이케아 디자인》, 닛케이디자인 지음, 전선영 옮김, 디자인하우스, 2015.

《잘되는 가게의 이유 있는 컬러 마케팅》, 다카사카 미키 지음, 김정환 옮김, 이손, 2004.

《초콜릿》, 이영미 지음, 김영사, 2007.

《패션 전문 자료 사전》, 편집부, 한국사전연구사, 1997.

《호감이 가는 웹 사이트 색상 만들기》, 사카모토 구니오 지음, 박경란 옮김, 인피니티 북스, 2013.

《홈 데코레이션을 위한 표면질감 안내서》, 캣 마틴 지음, 윤갑근 옮김, 도서출판 국제, 2008.

[참고 기사]

'10 most iconic Chanel designs of all time', 〈Designer Vintage〉, 2016년 4월 18일.

'16 wonderful window display designs', 〈Creative bloq〉, 2017년 12월 11일.

'Agatha Ruiz de la Prada Store, New York', 〈Behance〉, 2009년 12월 3일.

'AIDMA·AISAS·SIPS │ マーケティングにおける購買行動モデルをおさらい', 〈リク
ナビNEXT〉, 2016년 11월 1일.

'Asahi Super Dry beer in spring sakura package', 〈Japan today〉, 2016년 2월 15일.

'Blue Apron still dominates the market for meal delivery kits but its market share
is plummeting', 〈Recode〉, 2017년 11월 1일.

'Britvic to reposition its Purdey's beverage line with new campaign', 〈FoodBev
Media〉, 2018년 7월 13일.

'Cats and Dogs May See in Ultraviolet', 〈Livescience〉, 2014년 2월 18일.

'Crayola kinda blue it with name of newest crayon color', 〈Cnet〉, 2017년 9월 14일.

'Designing for Millennials', 〈Brand packaging〉, 2018년 3월 12일.

'Does Color of Food Affect Taste?', 〈ABC News〉, 2011년 5월 25일.

'Feline Vision: How Cats See the World', 〈Livescience〉, 2013년 10월 16일.

'Flour Shop in NYC is the most Instagrammable bakery ever.', 〈Daily Mail〉,
2018년 1월 16일.

'Global Number One', 〈Vogue〉, 2012년 5월 16일.

'How department stores changed the way we shop', 〈BBC〉, 2017년 8월 14일.

'How Do Dogs See the World?', 〈Livescience〉, 2012년 6월 26일.

'How To Market To The World's Largest Subset Of Consumers, Millennials
Generation Y', 〈Mediakix〉, 2018년 4월 12일.

'Japanese Orchestra Prescribes Classical Music As Medication', Design Taxi, 2013
년 7월 10일.

'K&Q - Chess Stick Cake', 〈Packaging of the world〉, 2017년 8월 31일.

'La Cave, Le Bon Marche, Paris, France', 〈Mondo〉, 2014년 1월.

'Light Guide for Grocery Stores and Supermarkets', 〈Greetek〉.

'Millennial are filling their homes — and the void in their hearts — with
houseplants', 〈The washington post〉, 2017년 9월 7일.

'Millennial pink is the colour of now - but what exactly is it?', 〈The guardian〉,
2017년 3월 22일.

'Ottawa is anything but vanilla', 〈Ottawa tourism〉, 2018년 6월 27일.

'Pandora, Valentines Message', 〈Brandavision Team〉. 2018년 3월 22일.

'Patrick Norguet gives "truly novel" makeover to McDonald's in Paris', 〈Dezeen〉, 2016년 3월.

'Perfume 나만의 향기… 그녀, 그만의 향기', 〈한국일보〉, 2018년 4월 18일.

'Pink Tax를 아십니까', 〈청와대 국민청원〉, 2018년 6월 25일.

'Sapfo Extra Virgin Olive Oil by Chris Trivizas', 〈A'design award & competition〉, 2017년 3월 10일.

'Scandinavian design is more than just Ikea', 〈The Washington post〉, 2016년 1월 27일.

'Selfridge's' Big British Bang', 〈Inside Retail〉, 2012년 6월 1일.

'Starbucks Logo - An Overview of Design, History And Evolution', 〈Design hill〉, 2016년 3월 23일.

'The Best Halloween Candy to Buy in 2018', 〈Good house keeping〉, 2018년 10월 17일.

'The Evolutionary Aesthetic of Frama', 〈iGNANT〉, 2018년 1월 5일.

'The evolution of the Macintosh (and the iMac)', 〈Computer world〉, 2018년 5월 6일

'The Meaning of Milk Label Colors', 〈Wise Bread〉, 2017년 11월 17일.

'The Pink Zebra - The Feast India Co., Kanpur, India', 〈The cool hunter〉, 2018년 3월 29일.

'Tricks with colour', 〈BBC Home〉, 2014년 9월 17일.

'When it Comes to Color, Men & Women Aren't Seeing Eye to Eye', 〈Psychology Today〉, 2015년 4월 8일.

'Who said stores are dead? These 5 retailers are investing billions of dollars in bricks and mortar', 〈CNBC〉, 2018년 12월 4일.

'Why Millennial Pink Refuses to Go Away', 〈The cut〉, 2017년 3월 19일.

'WOODEN ARTISTRY ADDS WARMTH TO APPLE'S 'COOL' KEYBOARD DESIGN', 〈The verge〉, 2013년 7월 5일.

'BB 바르고 눈썹 다듬는 남자, 화섹남이 사는 법', 〈Balance view〉, 2017년 5월 17일.

'같은 구찌 셔츠, 남녀 다른 가격… 핑크 택스를 아시나요', 〈한국경제〉, 2016년 5월 29일.

'과자·술·커피·운동화' 죄다 벚꽃 물들어…쏟아지는 체리블라썸 한정판(종합)', 〈아시아경제〉, 2018년 3월 20일.

"구찌'살린 무명 디자이너…지난해 17% 매출 성장', 〈이코노미조선〉, 2017년 9월 15일.

'남녀가 함께 쓰는 립스틱…성 중립 메이크업 브랜드 국내 첫 등장', 〈중앙일보〉, 2018년 6월 1일.

'남성브랜드에서 힌트를 얻었다!', 〈Ttimes〉, 2018년 5월 23일.

'다이아몬드', 〈지구과학산책〉, 2011년 10월 15일.

'돈 되는 車컬러 화이트, 올해 유행은 그레이', 〈매일경제〉, 2017년 3월 8일.

'불만제로UP 색소 넣지 않은 딸기맛 우유 코치닐 색소 안전성 논란 있기에', 〈서울경제〉, 2014년 4월 23일.

'블루보틀, 커피업계 블루칩될까', 〈파이낸셜 뉴스〉, 2018년 9월 9일.

'비 올 때는 Rainy day~, 백화점 음악의 비밀', 〈프라임 경제〉, 2017년 5월 15일.

'쁘띠엘린, 엄마 껌딱지 '분리불안' 증세 보이는 유아들에게 애착인형 증정', 〈서울경제〉, 2015년 10월 23일.

'색으로 표현하는 품질', 〈로드테스트〉, 2016년 5월 23일.

'세계에서 가장 잘 팔리는 이상한 양복', 〈Ttimes〉, 2017년 6월 5일.

'식약처 가공식품 표백제 및 발색제 함유량 인체 무해', 〈파이낸셜 뉴스〉, 2018년 2월 1일.

'쑥쑥 크는 젤리시장, 껌 시장 넘본다', 머니투데이, 2018년 2월 11일.

'암 예방 컬러푸드, 붉은 색은 면역력 높여…녹색 채소는?', 〈헬스조선〉, 2015년 1월 13일.

'여성 주체 소비↑ … 업계 반응은?', 〈스페셜 경제〉, 2018년 6월 11일.

'英 왕실 납품하는 '수퍼마켓' 매출 8조 9334억', 〈이코노미조선〉, 2016년 11월 17일.

'온라인 쇼핑 남성이 여성보다 더 많이, 더 자주 산다', 〈MNB〉, 2018년 8월 14일.

'왜 여성용은 더 비싸냐구요! - 핑크 택스(Pink Tax) 거부 물결', 〈중앙일보〉, 2018년 8월 21일.

'웨이트로즈', 〈디자인하우스〉, 2017년 6월.

'인스타 성지 점령한 '핑크뮬리'가 생태계 교란한다고?', 〈세계일보〉, 2018년 11월 23일.

'인터브랜드 2018년 베스트 글로벌 브랜드 발표', 〈인터브랜드〉, 2018년 10월 4일.

'입생로랑 "별그대 효과"에 무임승차', 〈The Korea Herald〉, 2014년 3월 24일.

'점과 그물에 대한 강박증을 예술로 승화시킨 쿠사마 야요이', 〈경남신문〉, 2016년 1월 18일.

'지난해 세계가 선택한 최고의 자동차 보디 컬러는 화이트…한국은?', 〈M오토데일리〉, 2018년 7월 9일.

'최고 재료·맛·서비스로 고객 감동시켰더니… 줄 서서 먹는 커피로', 〈국방일보〉,

2018년 9월 17일.

'카트의 경제학: 대형마트 쇼핑카트의 오해와 진실', 〈ㅍㅍㅅㅅ〉, 2018년 5월 4일.

'티파니에서 아침을 파는 이유', 〈티타임즈〉, 2018년 08월 20일.

'패션·화장품 시장 남성이 큰손으로', 〈문화일보〉, 2018년 8월 17일.

'팬톤이 선정한 2019 올해의 컬러, 리빙 코랄', Elle, 2018년 12월 13일.

'한정판 신발 사자…대구 동성로 매장 앞 600여명 장사진', 〈매일신문사〉, 2018년 11월 9일.

[참고 사이트]

나비토 http://www.nabitoarchitects.com

내셔널 지오그래픽 https:// www.nationalgeographic.com

대시워터 https://dash-water.com

던애드워드페인트 https://www.dunnedwards.com

데나다 https://www.denadaco.com

라토나마케팅 https://www.latona-m.com

레네사 스튜디오 https://studiorenesa.com

리서치 조사 http://www.fig.net/

무라드 오스만 인스타그램 https://www.instagram.com/muradosmann

벨로이 https://bellroy.com

본제니 http://bongenie.by

비핸스 https://www.behance.net

삼성 https://www.samsung.com

생활도감 https://www.sengdo.co.kr

아페쎄 https://www.apc.fr

애플 https://www.apple.com

오레오 인스타그램 https://instagram.com/oreo

운동화쇼핑몰 https://thesolesupplier.co.uk

인터브랜드 http://www.interbrand.com

컬러런 https://thecolorrun.com

케이트 스페이드 새터데이 https://www.facebook.com/KateSpadeSaturday/

크레욜라 https://www.crayola.com

크로스로프 https://www.crossrope.com

클리오 https://clios.com

파파렐리스 https:// www.papadellis.eu

패키지 오브 더 월드 https://www.packagingoftheworld.com

펌리빙 https://www.fermliving.com

포코아포코 https://www.latona-m.com

프로젝트세븐 https://project7.com

플라워숍 https://store.flourshop.com

힘스 https://www.forhims.com/

오늘 하루가
더 다채로워지길!

자신이 좋아하는 일을 추진할 때는 스스로에 대한 믿음과 용기가 필요하다. 그리고 새로운 도전에는 늘 기대감과 위험 부담이 공존한다. 그래서 첫 번째 책을 쓰기 위해 나에게는 참 많은 것이 필요했다. 몇 번이고 실패하면서도 자신이 좋아하는 일을 계속하기 위해 또다시 새로운 도전을 했다. 누군가보다 더 능력 있는 마케터도 아니고 더 감각적인 디자이너는 아니지만 조금 다른 역량을 가진 '컬러 콘셉터'로서 자신이 알고 있는 컬러에 관한 놀라운 비밀을 많은 사람과 공유하고 싶었다. 소유보다 공유가 더 큰 가치를 발휘하는 시대에 지식이나 정보는 모두와 나눌 때 더 큰 의미가 있으며 더 큰 일을 해낼 수 있기 때문이다.

이 책을 위해 다시 한 번 생각을 정리하고, 수많은 자료를 찾았다. 네 살 때 보았던 빨간색 샐비어 꽃에서부터 낯선 여행지에서 잠시 마주쳤던 소품까지 일상에서 만난 인상적인 컬러를 모두 담고자 했다.

신기할 만큼 그 어떤 기억보다 컬러와 관련된 기억은 또렷하게 뇌리에 남아 있다. 나는 컬러가 가지고 있는 특별한 힘을 믿고 있다. 그리고 컬러가 정직하고 진실된 언어라는 것을 잘 알고 있다.

그래서 컬러를 통해 진정성을 담고 있는 브랜드와 최선을 다해 만든 제품, 그리고 좋은 메시지를 담은 콘텐츠가 더 큰 힘을 발휘할 수 있도록 돕고 싶다. 비록 한 권의 책에 모든 것을 다 담아내지 못하고 결코 완벽하지 않겠지만 이것이 더 많은 사람이 컬러에 대해 관심을 가질 수 있는 계기가 되었으면 좋겠다.

혼자서 할 수 있는 것은 아무것도 없다. 부모님과 늘 곁에 있는 가족, 학창시절 함께 공부했던 친구들, 직장에서 함께 일했던 국내외 동료, 낯선 나라에서 만났던 다른 문화를 가진 사람들, 수많은 책을 통해 만났던 모든 이들이 내 생각과 정서와 감성을 형성하는 데 영향을 주었다. 그 모두가 좋은 스승이었고 따뜻한 친구였으며 멋진 선후배였다. 앞으로도 이 책으로 만나게 될 소중한 인연을 기대한다.

그 누구보다 고집스럽고 자기주장이 강한 나를 늘 인내해주시고 지원해준 부모님과 한 줄도 쓸 수 없을 것 같았던 내가 한 권의 책을 다 쓸 수 있도록 격려해주고 예쁜 책으로 완성해준 출판사 직원들, 그리고 항상 곁에서 응원해주고 공감해준 친구들과 선후배에게 감사의 마음을 전한다. 앞으로도 모두가 레드처럼 뜨겁게 사랑하고, 그린 속에서 잠시 쉬어가며, 블루와 같은 희망을 가슴에 품고 옐로와 함께 웃으며 살아갈 수 있기를 바란다.

이효진
Mary

디지털 노마드

권광현, 박영훈 지음 | 15,000원

**사무실과 직장 없이도 원하는 곳에서 원하는 만큼 일하
며 디지털 노마드족으로 사는 법!**

'디지털 노마드(Digital Nomad)'란 인터넷, 네트워크 기술의
발달로 탄생한 종족으로 태플릿 PC, 노트북 등의 IT 기기를 갖
추고 전 세계를 여행하면서 일하는 사람들이다. 이들은 디지
털 기기를 사용할 수 있는 곳이라면 어디서든 일할 수 있다.
월 수익 1,000만 원 이상을 버는 저자들은 '디지털 노마드'가
무엇인지와 어떻게 디지털 노마드로 살 수 있는지 방법을 이
책에 담았다. 어떤 플랫폼을 활용하여, 어떻게 시작하고, 온라
인 세계에 돈을 벌 수 있는 판을 깔고, 자동으로 수익을 일으
킬 수 있는지 구체적인 매뉴얼까지 알려주어 그대로 따라하
면 성과를 낼 수 있다.

SNS 마케팅 시리즈

임헌수, 고아라, 신승철 지음 | 각 권 16,000원

**인스타그램, 스마트스토어, 구글, 유튜브까지
지금 가장 뜨거운 SNS 채널 마케팅의 모든 것!**

온라인 마케팅은 날로 발전하는 기술의 변화와 시시각각 변
화하는 소비자들의 입맛을 잡기 위해 더욱 치열하게 전개될
것이다. 이 경쟁 속에서 살아남기 위해서는 나의 일방적인 메
시지를 전달하는 것이 아니라, 디지털 시대에 걸맞는 채널로
재가공하여 발신해야 한다. 이야기를 듣고 싶어 할까? 이 시
리즈는 모든 온라인 마케터와 사장들의 질문에 답한다. 전문
가가 다년간 축적한 온라인 마케팅 핵심 개념을 초보자의 눈
높이에 맞게 설명하고 있으며, 특히 홍보에만 주력할 수 없는
대다수 기업의 현실을 적극 반영하여 최대한 간편하고 쉽게
따라 할 수 있는 방법을 함께 소개하고 있어 매우 실용적이다.

아마존, 지금 해야 10억 번다

장진원 지음 | 16,000원

오픈마켓 창업, 이제는 아마존이다!
프로 셀러가 알려주는 아마존에서 10억 버는 노하우

국내 오픈마켓은 경쟁이 치열하고, 마케팅 비용이 치솟아 수익이 거의 남지 않는다. 이런 상황에서, 회원 수가 3억 명에 이르는 아마존이 대안으로 떠오르고 있다.

기존 아마존 창업 책들은 단순 매뉴얼서라 경쟁에서 이겨내고 매출 올리는 법은 알 수 없었다. 하지만 〈아마존 지금 해야 10억 번다〉에는 실제 아마존 상위 1% 셀러가 어떻게 차별화하여 경쟁을 이겨내 고수익을 올리는지 고스란히 녹아 있다. 보고 바로 따라 할 수 있는 쉬운 구성에 월 1억 매출 올린 저자의 실제 사례가 상세히 분석되어 있어, 아마존 판매를 처음 시작하려는 사람도 바로 매출을 올리는 데 큰 도움을 받을 수 있을 것이다.

불황에도 기하급수 성장을 이루는 기업의 비밀

생초보 시리즈

서영주, 서승미, 김서현 지음 | 각 권 15,000원

지금은 SNS 마케팅으로 돈 버는 시대
생초보도 하루 만에 끝장내는 SNS 마케팅 사용 설명서

자본, 인맥, 스펙이 남보다 특출나지 않아도 성공하는 시대다. 마케팅비를 많이 들이지 않아도 조금만 노력하면 누구나 월 1,000만 원 수익을 낼 수 있다. 성공 비결은 바로 SNS 마케팅에 있다. 〈생초보 시리즈〉는 인스타그램, 페이스북, 네이버 블로그, 플러스친구까지 유력한 SNS 마케팅 채널 사용 방법을 모두 담았다. SNS를 사용해본 적 없는 사람이라도 누구나 쉽게 따라 할 수 있도록 기초부터 친절히 알려주는 SNS 마케팅 입문서로, SNS 채널별 최신 업데이트 내용을 소개하고 마케팅에 사용하는 방법을 알 수 있다.

요점만 골라 담은 SNS 마케팅 원포인트 과외